DESPIERTA
AL
CHAMÁN
INTERIOR

Si este libro le ha interesado y desea que lo mantengamos
informado de nuestras publicaciones, puede escribirnos a
comunicacion@editorialsirio.com,
o bien registrarse en nuestra página web:
www.editorialsirio.com

Título original: AWAKEN THE INNER SHAMAN: A GUIDE TO THE POWER PATH OF THE HEART
Traducido del inglés por Elsa Gómez Belastegui
Diseño de portada: Jennifer Miles

© de la edición original
2014, José Luis Stevens

© de la presente edición
EDITORIAL SIRIO, S.A.

EDITORIAL SIRIO, S.A.	NIRVANA LIBROS S.A. DE C.V.	ED. SIRIO ARGENTINA
C/ Rosa de los Vientos, 64	Camino a Minas, 501	C/ Paracas 59
Pol. Ind. El Viso	Bodega nº 8,	1275- Capital Federal
29006-Málaga	Col. Lomas de Becerra	Buenos Aires
España	Del.: Alvaro Obregón	(Argentina)
	México D.F., 01280	

www.editorialsirio.com
sirio@editorialsirio.com

I.S.B.N.: 978-84-16233-58-8
Depósito Legal: MA-746-2015

Impreso en Imagraf Impresores, S. A.
c/ Nabucco, 14 D - Pol. Alameda
29006 - Málaga

Impreso en España

JOSÉ LUIS STEVENS

DESPIERTA
AL
CHAMÁN
INTERIOR

**Una guía hacia el camino
del corazón**

editorial Sirio

Al único y verdadero Chamán Interior
que nos es común a todos

Conocer a los demás es sabiduría;
conocerse a sí mismo es iluminación.

Lao Tzu, *Tao Te Ching*, sutra 33

PREFACIO

Si este libro ha caído en tus manos o ha aparecido en la pantalla de tu ordenador en este momento preciso, no es por casualidad; nada de lo que ocurre es en realidad casual. Y, sin embargo, puede que no sea de interés para todo el mundo. Va dirigido a aquellos que valoráis por encima de todo la libertad personal, que tenéis una curiosidad ilimitada por aprender sobre el universo, que anheláis explorar el gran misterio de la vida. A aquellos que de verdad queréis deconstruir la concepción habitual de la realidad y liberaros de los muros de contención erigidos en la mente. Si estás satisfecho con tu vida tal como es, si no deseas cuestionar lo que se te ha enseñado ni que nada se desestabilice, si lo único que quieres es seguir cómodamente asentado en tu vida, entonces, por favor, ignora este libro. Porque este libro habla de transformación. Habla de cambiar tu vida, de romper con la comodidad anodina y descubrir algo mucho más importante. Leerlo lo echará todo a rodar.

11

Pero si te interesa el viaje más extraordinario que jamás se haya emprendido, desde luego léelo, deja que tu vida se desestabilice, deconstruye tu realidad, date la oportunidad de recibir una información que puede abrirte a una expansión formidable, libertad ilimitada, poder infinito y jubilosa consciencia.

INTRODUCCIÓN

Este libro habla sobre cómo despertar la fuente de poder y creatividad por excelencia que hay en tu interior, un tú esencial que ha estado contigo, dentro de ti, desde tu principio intemporal. Ese tú esencial, creativo y lleno de energía opera desde siempre en tu interior, pero lo hace sutilmente en segundo plano, como un motor al ralentí. Está desde el principio a la espera de que te hagas consciente de su existencia y le des permiso para participar en tu vida y dar rienda suelta a su inmenso poder e influencia.

Esta fuente creativa que hay en ti es a lo que llamo el Chamán Interior. Se le han dado muchos nombres a ese tú profundo a lo largo de los tiempos. Tal vez lo concibas como Esencia, Espíritu, Alma, Fuente de Vida, Yo Esencial, el Yo Soy, el Camino, el Tao, Fuerza Crística o, quizá más acertadamente, no le des nombre alguno. Yo prefiero llamarlo el Chamán Interior porque el chamanismo es la más antigua vía de conocimiento de esa fuerza interior. Esa fuerza es lo más verdadero de cuanto eres, y sin embargo no llama la atención, lo cual es admirable. No eres consciente de que exista. Imagina que estuvieras sentado encima de un reactor nuclear y no lo supieras. Igual de imponente, igual de formidable es el potencial de transformación radical que esa fuerza encierra; y su modestia, prueba de la voluntad de concederte libertad absoluta para reconocer su existencia o no, para elegir su presencia manifiesta en tu vida o no, para hacer o no hacer uso de su asombroso poder. El Chamán Interior nunca te obliga, te exige o se enfrenta a ti; no opone resistencia a tus pensamientos ni a tus sentimientos, sino que los acepta plenamente mientras vas abriéndote camino por la vida.

Ahora bien, no todo lo que piensas y sientes está en armonía con él, vibra al unísono con él o corrobora su autenticidad. Tolera todas esas distracciones porque no representan para él una amenaza ni le hacen ningún daño; tanto es así que tu Chamán Interior ignora de hecho la mayor parte de lo que experimentas, como quizá tú ignorarías el zumbido lejano de una avioneta que en nada afecta a aquello que en determinado momento fuera tu foco de atención. Y no es que lo ignore con intención de ser cruel o abandonarte; en realidad, es beneficioso para ti que haga caso omiso de tus preocupaciones, conflictos, críticas, miedos, desengaños y enfados. El Chamán Interior espera sencillamente a que sobrevenga en ti la cordura, un atisbo de luz o de reconocimiento por tu parte. En pocas palabras, vive a la espera de que estés preparado para tomar consciencia de él. Hasta que alcances ese momento de madurez, en que la semilla que hay en ti germine y deseche la cáscara externa que la cubre, el Chamán Interior aguarda. Entretanto, no interfiere, ni alienta tampoco nada que carezca de fuerza, sinceridad y verdadero sentido.

Como tu Chamán Interior está conectado con la verdad, no tiene miedo; es por tanto esa parte de ti que es valerosa, esa parte de ti que no se deja desanimar, que no se deja invadir por la ansiedad ni se deprime. En definitiva, tu Chamán Interior es ese aspecto de ti que está completamente sano. Rebosa de salud gracias a un aporte infinito de vitalidad, creatividad, curiosidad, inspiración y conocimiento profundo y sustancial sobre cuál es el curso de acción apropiado en tu vida. El Chamán Interior te ayuda a soltarte del impulso imperioso de controlar lo que haces y hacen los demás, y a relajarte y confiar en que estás seguro y a salvo en brazos de la propia vida. La vida tiene en verdad un plan para ti, y el Chamán Interior sabe exactamente cuál es y te guiará inexorablemente hasta él. Lo único que puede impedirte realizarlo es el miedo.

Descubrir a tu Chamán Interior te ayudará a anular la tendencia al victimismo, a sentirte impotente, a caer en la pereza y en la falta de motivación. Abrazar al Chamán Interior te hará más eficiente y productivo porque sistemáticamente irás acabando con todas las fugas de energía que hay en tu vida —la preocupación, por ejemplo, lo mismo que vivir pendiente de lo que piensen los demás o de la imagen que tengan de ti (al Chamán Interior le da igual)—. Y a la vez, el Chamán Interior es la energía del amor.

He elegido llamar a este poderoso núcleo del ser por el nombre de Chamán Interior porque considero que es el que mejor, el que con más exactitud lo define. Los chamanes son individuos muy singulares, de gran poder interior, que obran en las culturas indígenas de todos los continentes. Han existido desde el principio de la historia. Atendiendo a un llamamiento interior y con arduo trabajo e iniciativa propios, los chamanes hacen un servicio crucial a sus comunidades. Se los conoce por muchos otros nombres: *maracame* entre los huicholes de México, hombre o mujer de conocimiento en la tradición tolteca del sur de México, paqo en los Andes de Perú y Bolivia, curandero o curandera en las tribus indígenas de Norteamérica, y muchos más. En nuestro tiempo, «chamán» ha pasado a ser el nombre genérico por el que se conoce a estos profesores, filósofos y sanadores de impresionantes poderes. Son los líderes espirituales más antiguos del mundo, individuos que, entre sus muchas funciones, curan a los enfermos, realizan ceremonias para armonizar a la comunidad con el medio ambiente, combaten la negatividad, se comunican con los antepasados, colaboran con aliados por el bien de los demás, reúnen conocimientos —que enseñan luego a través de relatos—, hacen el papel de videntes y profetas, y guían a su pueblo. Pasan mucho tiempo haciendo acopio de poder y energía para ejecutar complejos actos sobrenaturales y viajar a otras dimensiones y lugares lejanos —como el cúmulo estelar de las Pléyades, situado en la constelación de Tauro, conocido también por el nombre de las Siete Hermanas— para adquirir conocimiento y experiencia.

Su camino, el camino chamánico, es ante todo un camino con corazón, de servicio y generosidad, de amor al Espíritu y a la creación entera. Es también el camino del equilibrio. Los chamanes de todo el mundo aspiran a vivir en completa armonía con la naturaleza, el entorno, el ciclo de las estaciones, del tiempo atmosférico, y la ordenación cambiante de las estrellas, la luna y el sol. Para lograrlo, cultivan la inteligencia del corazón, pues en el corazón reside la claridad de mente necesaria para ver con un conocimiento experto de este y de otros mundos.

Aunque hay chamanes que caen en la trampa de la codicia, el poder y las malas artes —igual que ocurre en cualquier profesión—, en conjunto son precisamente las personas que mayor responsabilidad asumen por el bienestar del planeta y sus habitantes, incluidos los animales, las plantas y todos los elementos. Asimismo, para los chamanes los ámbitos espirituales son motivo de gran desvelo e interés. Pese a que la mayoría de los que realizan estas prácticas no admitan que son chamanes, aludir a ellos como tales es hacerles el más merecido elogio, rendirles el mayor de los honores.

«Chamán» es un término muy antiguo procedente de la tribu evenki de Siberia, un pueblo cazador de renos, y significa «el que ve en la oscuridad», o «el que sabe». El Chamán Interior es la consciencia esencial, el sabio interior que ve la verdad, que está en armonía con todo, que tiene acceso al saber, al poder y a la serenidad infinitos. ¿Podría haber un nombre mejor?

MI VIAJE DE DESCUBRIMIENTO

Mi viaje personal hacia la reconexión con el Chamán Interior fue largo y sinuoso. De niño supe de los grandes chamanes de la Biblia, que demostraban su conocimiento del Chamán Interior en actos de heroísmo e inmensa compasión. Moisés, bajo la dirección del Espíritu, dividió en dos las aguas del mar Rojo, provocó una tormenta de granizo e hizo manar agua de una roca. Jesús expulsó a los demonios, calmó tempestades, convirtió el agua en vino, curó a los enfermos y se apareció a sus apóstoles después de crucificado. Estos relatos que hablaban de alterar las leyes normales de la física, y utilizar y dirigir las fuerzas de la naturaleza, me dieron una noción de los enormes poderes del corazón despierto.

Estudié en una universidad jesuita a finales de los años sesenta, y allí tuve el primer contacto con las grandes religiones y filosofías del mundo. Después de leer en *Autobiografía de un yogui* la historia de la vida de Yogananda, empecé a estudiar sus impactantes enseñanzas. Descubrí que con frecuencia habían hecho milagros personas ajenas a la tradición cristiana. En Berkeley, donde me gradué en trabajo social clínico, tuve la fortuna de conocer al maestro zen coreano Seung Sahnime, un profesor jovial, de cara redonda, que en un inglés rudimentario consiguió transmitirme una perspectiva de la vida enteramente nueva. Nunca olvidaré cómo señalaba su calva reluciente en respuesta a mis preguntas al tiempo que decía alegremente:

—Demasiados pensar. Déjalo. Solo ve hacia delante; con mente que no saber.

Luego reía con gran regocijo. Estos eran, como descubriría con el tiempo, los aspectos básicos de la forma chamánica de entender la vida. Mucho después, me enteraría de que el maestro Seung era el más respetado maestro zen de toda Corea y gozaba de renombre mundial. ¡Quién lo hubiera imaginado!

Empecé a leer con avidez, zambulléndome en el mundo de la metafísica y la filosofía perenne, y comprendí que una sola verdad es la esencia de todas las grandes religiones del mundo. Leí a Annie Besant, C. W. Leadbeater, madame Blavatsky, Alice Bailey, Manley Hall y Aldous Huxley. Los libros de Seth, que canalizó Jane Roberts, pusieron patas arriba la visión que tenía de la realidad. Me encontré por primera vez con el concepto de que mi realidad la creaba yo, uno de los principios fundamentales de la concepción chamánica del mundo.

Cuando terminé los estudios de trabajo social en Berkeley, me hacían falta miles de horas de experiencia para licenciarme, de modo que conseguí un trabajo en el Hospital Estatal de Salud Mental de Napa, en California, en un pabellón de internamiento para adolescentes. Durante dos años trabajé con jóvenes que padecían enfermedades mentales graves. Luego, emocionalmente agotado y con apenas veintiocho años, decidí viajar al Lejano Oriente, solo y en busca de aventuras. En la India y Tailandia, conocí a personas que demostraron tener capacidades paranormales para alterar las leyes convencionales de la naturaleza. Vi a algunos andar sobre fuego y cristales, doblar recias barras de acero utilizando la concentración, predecir el futuro y demostrar su don para saber con la mayor facilidad cosas sobre mí que nadie podía haberles contado. Presenciar estos hechos me arrebataba, me aliviaba, me enervaba y me producía una desorientación absoluta al mismo tiempo. Todo mi mundo se había trastocado..., y sabía que esta nueva manera de ver era lo que más intensamente anhelaba.

En Nepal conocí a un lama budista tibetano con el que estudié, y que me enseñó que aprender va mucho más allá de escuchar palabras; descargaba conocimientos en mí simplemente presionando su frente contra la mía. En Varanasi (India), una vidente me leyó el futuro con sorprendente exactitud y me ayudó así a salvar la vida en una etapa muy posterior del viaje. En aquel momento, que alguien me dijera cómo y cuándo iba a morir me sumió en una espiral de ansiedad y depresión. Afortunadamente, me enteraría luego de que estaba en mi mano cambiar aquellos planes aparentemente predeterminados, y en la actualidad he superado ya con mucho la fecha anunciada para mi fallecimiento. Con las prácticas chamánicas, recuperé la libertad de elegir mi futuro.

Cuando volví a casa, sufrí un choque cultural. Para encontrarle sentido a todo lo que había ocurrido en mis viajes, empecé a estudiar con un hombre al que muchas personas de mi círculo mencionaban, el reverendo Lewis Bostwick. No tenía aspecto de clérigo: era un hombre corpulento vestido con ropa informal y sin formación académica que había creado el Instituto de Parapsicología de Berkeley en una casa ruinosa, donde impartía clases informales. Me enseñó mucho sobre el Chamán Interior, aunque los términos que él utilizaba eran «Dios de tu corazón» y «espacio». Me hizo tomar consciencia del enorme poder del sí mismo interior, y demostraba una y otra vez lo que este era capaz de hacer. Aquel hombre podía leer con facilidad la mente de cualquiera. Con un movimiento rápido de la mano, tenía la capacidad de eliminar un pensamiento negativo o todo un patrón de pensamiento programado. Aunque yo tenía una licenciatura, me parecía estar en primero de preescolar en esta nueva búsqueda de conocimientos.

En 1980 decidí que había llegado la hora de hacer el doctorado en psicología, y elegí el Instituto de Estudios Integrales de California, en San Francisco. Allí me encontré en medio de hombres y mujeres que habían estudiado con chamanes, lo cual nos llevó a mi esposa, Lena, y a mí a ser durante diez años aprendices de Guadalupe Candelario, un chamán o *maracame* huichol. Los huicholes viven en las escarpadas sierras de México central y son uno de los dos únicos pueblos que consiguieron escapar al dominio de los conquistadores españoles y conservar su forma de vida. Entre sus gentes hay muchos hombres y mujeres que practican las viejas tradiciones y son conocidos por su saber y pericia en el chamanismo. Durante una década solíamos recorrer más de mil seiscientos kilómetros hasta llegar a México central para trabajar con Guadalupe en secreto. Aceptamos no contarle a nadie, ni siquiera a nuestros amigos, que habíamos iniciado aquel aprendizaje. A veces venía él a Estados Unidos para trabajar con nosotros en nuestro terreno. Al principio, el aprendizaje se me hizo muy difícil porque Guadalupe me ignoraba y se dirigía solamente a Lena. Tardó varios años en comprender que mi compromiso era sincero, y entonces me acogió de verdad. Me había sumido hasta tal punto en aquel camino de descubrimiento que ya nunca podría volver a ser como antes.

Los huicholes son célebres también por la intensidad de sus ceremonias de sanación, en las que consumen grandes cantidades de un cactus alucinógeno llamado peyote y cantan y bailan sin parar durante días. En cierto momento de una larga noche de ceremonia, Guadalupe contó una vivencia personal que me cambió para siempre. Habló de cómo a su padre lo habían asesinado cuando él era niño y de cómo su madre se había escapado con el asesino, abandonándolos a su suerte a él y a sus hermanos y hermanas. Al verse solos y sin dinero en una aldea de montaña, asumió la responsabilidad de criar a los demás, para lo cual tuvo que contar con que el Espíritu le ayudaría. Sobrevivieron a base de mendigar y hacer pequeños trabajos. Más tarde, ya de adolescente, vivió con su tía, una *maracame* consumada, que le enseñó las artes chamánicas de los huicholes. Lo mandó al desierto en un viaje de iniciación y pasó allí tres años hasta encontrar al Chamán Interior; cuando regresó, empezó a hacer de instructor/chamán para su pueblo. Me impresionó y me inspiró de verdad que aquel hombre analfabeto hubiera llegado a ser el extraordinario maestro que era. Comprendí que si él había podido hacer frente a retos de tal magnitud y salir de ellos más fuerte, sin duda yo podría lidiar con mis circunstancias, mucho más fáciles, y hacer también realidad mis sueños.

Muchos años después, Lena y yo conocimos a un impactante *maracame* huichol de camino hacia una ceremonia dedicada a la sanación de los más pequeños. Aquel *indio* de aspecto común ataviado con el típico sombrero mexicano y ropas andrajosas que tiraba de un burro nos saludó en el sendero que ascendía por la montaña con las palabras:

—¿Y qué os ha dicho hoy Dios?

Sorprendido, sonreí y balbuceé algo. El hombre respondió entonces con una narración extensa y detallada de lo que Dios le había comunicado a él. Sus palabras dejaban traslucir un conocimiento del mundo y de sucesos futuros que escapaban al entendimiento de muchos de aquellos a los que se considera cultos. Habló del caos económico que se avecinaba y de la necesidad de retornar a una forma de vida natural. Habló del cambio climático y de la necesidad de modificar nuestro estilo de vida antes de que fuese demasiado tarde. Habló de la sequía y de las guerras y de lo importante que era conectar con el Espíritu porque sin esa conexión no habría solución posible. Muchas de sus profecías se han hecho realidad con los años. Nunca he olvidado aquel encuentro espontáneo ni la profundidad de conocimiento que revelaban sus ojos. Como los chamanes dirían, aquella coincidencia aparentemente casual no fue un accidente. Teníamos una cita con el destino aquel día y estaba dispuesto que nuestros caminos se cruzaran. La información que nos dio no la había sacado de libros ni de noticiarios. Escuchaba al Espíritu, a su Chamán Interior, y sabía.

En 1990 me trasladé con mi familia a Santa Fe, en Nuevo México, donde sigo viviendo. Había conocido a indígenas nortcamericanos de muchas tribus con ocasión de ceremonias, clases y rituales de purificación en cabañas de sudar, y siempre me resultaba a la vez inspirador y doloroso, pues recibía el contragolpe de la hostilidad que había engendrado en ellos la espantosa historia de maltrato que habían vivido a manos del hombre blanco. Esto fue en parte lo que me impulsó a estudiar con chamanes de otras culturas, que estaban mucho más dispuestos a transmitirme sus enseñanzas.

El conocimiento del Chamán Interior fue creciendo en los incontables viajes que hice a Perú para trabajar con los shipibo del Alto Amazonas, que tienen reputación de ser el pueblo indicado para quienes quieren aprender chamanismo en la selva. Los shipibo son cantores y maestros de ceremonias de primer orden; recogen de la naturaleza estructuras musicales que luego entretejen en exquisitas creaciones textiles y pintan en sus atuendos y construcciones. Los shipibo me dieron a conocer el poder del Chamán Interior por medio del canto, la oración, la ceremonia y muchos días y noches de ingerir una determinada planta que abría mundos interiores de visión y poder. Antes de conocer a los shipibo, rara vez cantaba. Ahora lo hago a diario como parte de mi práctica, y me da alegría, como debe ser.

Durante muchos años he estudiado también con los paqos q'eros, los chamanes de las escarpadas laderas andinas de Perú. Al igual que los huicholes, pudieron escapar de la dominación española huyendo a las altas montañas, donde mantuvieron vivas las más ancestrales tradiciones de los incas y conservaron su imponente caudal de conocimiento. Llegar al territorio de los q'eros no es tarea fácil y supone atravesar puertos de montaña de más de cinco mil metros de altura. Incluso en los meses estivales, hace un frío gélido debido a la altitud. Al no disponer apenas de plantas, los q'eros son maestros de la sanación valiéndose del reino mineral y maestros del tiempo atmosférico; además, son capaces de comunicarse con los *apus*, los imponentes picos andinos que son sus guardianes. En numerosas ocasiones los he visto comunicarse con las nubes y concertar con ellas que una fuerte tormenta pasara de largo para que pudiéramos terminar un *despacho*, un ofrecimiento a las montañas, o seguir viaje por una angosta quebrada.

Tras uno de estos extraordinarios viajes a Perú, mirando por la ventanilla mientras el avión describía un círculo para aterrizar en Albuquerque (Nuevo México), sentí una comunicación intensísima con el paisaje desierto que se extendía a mis pies. La tierra me daba la bienvenida a casa de una forma que nunca antes había sentido. El Chamán Interior me reveló que yo ya no era la misma persona que había salido de allí tres semanas antes, que por la dura dieta de tabaco a la que me había sometido estaba abierto a formas de ver y de saber que hasta ese momento me habían estado vedadas. Eso ha permanecido en mí desde entonces. Por todo ello, con el tiempo, el Chamán Interior ha pasado de ser una idea interesante a convertirse en mi realidad personal.

He seguido aprendiendo sobre el Chamán Interior entre los chamanes aborígenes de Australia, el pueblo sami de Finlandia y el maya de Guatemala. Los mayas me enseñaron sobre todo a apreciar el don de sus chamanes para leer las estrellas, hacer intrincados cálculos matemáticos y crear sistemas de calendario increíblemente exactos que abarcan miles de millones de años. Quizá nadie haya predicho el futuro con tanta meticulosidad y exactitud como ellos. Poca gente sabe que, al decir de los ancianos mayas, los sesenta años que siguen a 2012 encierran la clave del futuro de este planeta; el mundo experimentará tal transformación que será casi irreconocible para 2072. Será para el bien de la humanidad. Buena parte del tiempo que transcurra entre estas dos fechas será semejante a un solar en obras, y habrá un gran caos al colapsarse los viejos sistemas y ser reemplazados por otros mejores.

El mundo está cambiando a gran velocidad, y no hay forma de volver al paradigma de valores del pasado reciente cuyo lema era: «Aquel que muere con más juguetes gana». Las economías del mundo y la gestión general de la energía serán sustituidas por modelos más sostenibles, las relaciones internacionales darán un giro hacia la cooperación, los sistemas sociales —desde la educación hasta la medicina o los gobiernos— cambiarán para mejor. En este libro encontrarás lo que necesitas interiormente para navegar por los tiempos que se avecinan, pero tendrás que poner tu granito de arena y llevar a la práctica esa información si quieres evolucionar. Puede ser un gran disfrute e infinitamente provechoso.

Se ha tenido conocimiento del Chamán Interior durante siglos, pero solo unos pocos individuos revolucionarios han sido capaces de aprehenderlo e implementarlo en el mundo moderno. Ahora se ha abierto un potente portal: es el momento oportuno que hace que incorporar este conocimiento sea decisivo. Aprovecha la ocasión; el tiempo apremia. Tienes que tomar una decisión. ¿Qué realidad quieres vivir? ¿Qué futuro quieres tener? Puedo asegurarte que el camino del Chamán Interior preludia un futuro que se manifestará en cooperación, gratitud, perdón y amor.

La breve historia que acabo de relatar dista mucho de incluir a todos los magníficos profesores que he tenido en mi vida y que me han dado una mayor comprensión de qué es el Chamán Interior. Todos ellos han formado parte de mi viaje, una experiencia estupenda, a veces sembrada de la más angustiosa frustración, miedo, duda e impaciencia por un lado y de dicha, pasión, asombro y exuberancia por otro. Indudablemente, si decides emprender un viaje de descubrimiento del Chamán Interior similar al mío, vivirás tu propia transformación radical. Esa posibilidad me motiva y me ayuda a cumplir mi tarea en la vida como facilitador decisivo del crecimiento y la aceleración personales. Es lo que me mueve a escribir este libro. Espero que el camino de tu vida sea todavía más rico y revelador de lo que ha sido el mío y desde luego al menos igual de gratificante. Mi intención es que encuentres dicha, plenitud, satisfacción e inefable misterio en este fabuloso viaje.

SOBRE LAS DUDAS

Es natural tener dudas sobre la existencia del Chamán Interior, así que voy a intentar despejarlas desde el principio.

Quizá nunca hayas visto o sentido al Chamán Interior en el curso de tu actividad cotidiana. ¿Por qué habrías de molestarte ni en darle los buenos días cuando en tu vida no hay ninguna prueba palmaria de su existencia? Un escepticismo sano es un buen aliado, pues aviva la curiosidad y nos hace investigar y expandirnos a fin de aprender. Queremos estar seguros de que algo es verdad o correcto antes de depositar nuestra fe en ello. Esta es la actitud de la que nacen la investigación seria, los ensayos clínicos de nuevos medicamentos y muchos otros procedimientos médicos que han evitado incontables padecimientos y muertes. El escepticismo malsano, en cambio, es el rechazo sistemático de todo aquello que sea nuevo, de todo aquello que difiera de nuestra programación y sistema de creencias cotidianos. Galileo se encontró con un escepticismo malsano cuando descubrió que la Tierra orbitaba alrededor del Sol; la Iglesia católica temía que esta nueva forma de pensar contradijera la palabra de Dios e hiciera descarriarse a sus seguidores. Cuando se inventó el transporte motorizado, había quienes tenían miedo de morir por falta de oxígeno si pasaban de los cuarenta kilómetros por hora. Durante años, nadie pensó que la homeopatía fuera efectiva sencillamente porque no entendían cómo actuaba. Hay innumerables ejemplos de escepticismo malsano, pero al final nunca prevalece. La verdad siempre gana.

Es la clase de escepticismo de un acaudalado magnate del petróleo que conocí y que, al mencionar yo al Chamán Interior, dando a entender que ya sabía todo lo que valía la pena saber y por tanto no le quedaba nada por aprender, me contestó:

—Bueno, si de verdad existiera ya habría oído hablar de él.

El Chamán Interior supone una grave amenaza para el *statu quo*, el mundo regido por una falsa personalidad —el ego, como lo expresan los budistas, o, como lo llaman los toltecas, el parásito—. En este libro me referiré a esa personalidad superficial gobernada por el pensamiento ilusorio como «falsa personalidad» o «el parásito»; y es que la *persona* social, la personalidad que exhibimos a diario, por lo general no es real o verdadera, y es parasitaria. La falsa personalidad se basa en el miedo irracional a estar en última instancia solos en un mundo sin sentido. Intenta por ello dominar nuestra vida instándonos a controlarlo todo y a tener un comportamiento que en definitiva nos empuja a los siete obstáculos o miedos letales: la codicia, la autodestrucción, la infravaloración propia (la autocrítica), la arrogancia, el tormento, la impaciencia y la obstinación. Según el Chamán Interior, estamos hechos para sentirnos bien, para experimentar alegría mientras vivimos, pero la falsa personalidad, o el parásito, intenta tomar las riendas creando sufrimiento, ansia sin fin, enfermedad, dolor, actitudes defensivas, egoísmo y un comportamiento fundado en el miedo. Cuando te sientas mal de cualquiera de estas maneras, no dudes que estás bajo la influencia de la falsa personalidad. Cuando te sientas exultante, inspirado, despierto y auténticamente bien, ten por seguro que estás bajo la influencia del Chamán Interior. Siendo tan simple la dicotomía, cabría pensar que la gente evita por todos los medios sentirse mal y gravita constantemente hacia sentirse bien, pero como cualquiera puede ver, no es así. La falsa personalidad nos ha engañado a todos haciéndonos creer que sentirnos mal es en realidad bueno, y que sentirnos bien es malo. ¡Qué cruel artimaña!

El Chamán Interior, por otro lado, tiene más poder que cualquier falso yo superficial, cualquier parásito y por supuesto cualquier organización humana. Es más poderoso que las religiones, los gobiernos, la ONU, la CIA, el FBI, la KGB, los partidos políticos, el complejo industrial militar, el sistema educativo, el sistema sanitario o cualquier organización terrorista del planeta. Precisamente a causa de ese poder se le considera una enorme amenaza, y por eso desde tiempo inmemorial se ha hecho lo imposible por eliminar toda referencia a él, todo conocimiento de él, toda admisión de su existencia. Gigantescas instituciones han intentado proveernos de sustitutos, distraernos y tenernos bajo su control. Nos dicen que necesitamos un intermediario para comunicarnos con la fuente o el creador de nuestra experiencia —un sacerdote, pastor, imam o rabino— porque carecemos del estatus, el poder, los recursos, la educación o, lo que es aún más grave, el derecho de conectarnos con el Espíritu directamente. Además de las grandes religiones del mundo, también el complejo militar industrial, la comunidad científica, el mundo corporativo y algunas ideologías políticas muy poderosas —como el nazismo, el fascismo o el comunismo— han intentado eliminar toda referencia al Chamán Interior. Hitler ordenó una redada y envió a los chamanes a los campos de concentración.

El mundo en el que vivimos ofrece sus propios sustitutos o distracciones en forma de entretenimientos, compras, sexo, comida y dinero. Ninguno de ellos le llega a la suela del zapato al Chamán Interior despierto, y sin embargo son recursos que han demostrado su eficacia para mantener a la población dormida, hasta hace muy poco. Ahora el Chamán

Interior está empezando a revolverse a gran escala, activándose —concretamente a través del ADN humano—. Y a su emerger le acompaña una asombrosa consciencia. La razón por la que ha comenzado a emerger en este momento es muy sencilla: subconsciente o conscientemente, queremos que lo haga; le hemos pedido que lo haga. Como población, empezamos a estar hartos de un mundo que no funciona, un mundo que lo promete todo pero nos da bien poca alegría, dicha y satisfacción verdaderas. Es fácil ver que los televisores de pantalla plana, los teléfonos móviles, los ordenadores y los últimos modelos de coches han elevado el nivel de vida, pero no nos han dado felicidad. Cuanto más difíciles son las circunstancias del mundo, más preparados estamos para que se manifieste en nosotros el Chamán Interior. En lo más hondo anhelamos descubrir la verdad suprema, aunque tal vez no seamos capaces de ponerle nombre. Anhelamos conectarnos con el Espíritu aquí y ahora, desatar los poderes ocultos que son derecho nuestro de nacimiento y que solo han manifestado unos pocos e históricos grandes avatares y maestros espirituales. En lo más hondo del corazón queremos ser sanadores y hacedores de milagros —«bendiciones andantes», como llaman los q'eros a los chamanes más excepcionales que hay entre ellos—. Queremos tener el poder y la influencia necesarios para ayudar a nuestros semejantes y resolver el problema de la desigualdad, la pobreza, la guerra y el hambre. Deseamos hablarle a la naturaleza y escuchar cuando nos responde y nos enseña la forma de ser felices. Como pronto verás, este anhelo está directamente integrado en nuestro ADN..., y nunca dejará de estarlo.

CÓMO UTILIZAR ESTE LIBRO

Esta obra está organizada de manera lógica: cada capítulo agrega algo a lo que se ha dicho en el anterior. De ahí que tenga sentido leerlo la primera vez de principio a fin. Después, puedes volver a cualquier capítulo que te interese, o a ejercicios que tal vez quieras practicar repetidamente. Quizá te apetezca hacer la prueba de dejar caer el libro y que se abra por donde sea, al azar.

Una advertencia: me gusta recompensar a los lectores de mis libros dejando parte de la información más sustanciosa casi para el final, porque alguien que ha perseverado merece encontrar las joyas más recónditas. No obstante, hallarás información importante y valiosa en todas las partes de este libro. Que disfrutes.

1

LA FÍSICA CUÁNTICA Y EL
CHAMÁN INTERIOR

D ado que probablemente seas como yo, quizá necesites de una pequeña base científica que te ayude a entender el chamanismo. Por eso vamos a ver ahora, brevemente, qué dice la física cuántica sobre la realidad del Chamán Interior. Si consideras que sabes lo suficiente sobre este tema, puedes saltarte este capítulo y pasar al siguiente.

Como la mayor parte de la física cuántica es todavía o enteramente teórica o está a la espera de pruebas irrefutables, no todos los físicos competentes están de acuerdo con sus hipótesis o tan siquiera creen en ella. Mucha gente de tendencia espiritual asegura que la física cuántica ofrece pruebas fehacientes de sus creencias espirituales, pero no es así, ya que el instrumento de medición que emplea la ciencia es demasiado rudimentario para demostrar nada sobre la espiritualidad. Aun con todo, voy a intentar explicar lo que es el Chamán Interior desde la perspectiva de las teorías que los físicos cuánticos consideran actualmente que son correctas.

Ten en cuenta que todo esto podría cambiar de un instante para otro.

Por ahora la mayoría de los físicos cuánticos están de acuerdo en que toda la estructura atómica del universo conocido existe dentro de un contexto al que denominan campo cuántico. El campo cuántico es aquel del que surge y en el que se manifiesta todo, y al que luego todo retorna para desaparecer. Según los astrofísicos, se produjo al principio de los tiempos una gran explosión que lanzó la materia en todas las direcciones, formando así planetas, lunas, soles y galaxias; se dice que esa gran explosión, *Big Bang*, surgió del campo cuántico, una especie de punto cero, sin temperatura, tiempo ni espacio. Una milésima de segundo después del *Big Bang*, el 96% de la materia creada fue absorbida de nuevo por el campo cuántico y al parecer desapareció; el 4% restante formó a continuación las estructuras de nuestro universo. Los astrofísicos especulan con la posibilidad de que el 96% que se desvaneció siga existiendo en forma invisible, de antimateria, aunque esto no pasa de ser un constructo teórico.

Si el universo entero surgió de un solo punto, el nombre de «campo cuántico» no es muy acertado, pues no es en realidad un campo sino, como lo denominan los hinduistas, un *bindu*, punto, que representa lo que han llamado «el gran vacío» y lo que los chinos de la Antigüedad denominaron el Tao. El vacío, paradójicamente, no está en ninguna parte y está en todas, y existe fuera de todo lo conocido, fuera del espacio y el tiempo. De ahí que sea muy difícil hablar sobre él. Los chinos aseguran que el Tao que se puede nombrar no es el Tao. Si es así, al final la teoría del *Big Bang* será probablemente falsa. Al decir de los chamanes, el universo físico es un sueño y puede seguir cambiando de forma a perpetuidad. La verdad es que nadie lo sabe con certeza. Haz uso de la intuición. ¿Te parece que un *big bang* tiene sentido? ¿Se corresponde con alguna otra cosa que sepas con seguridad que es cierta? ¿Hay algo que nazca de la nada? Por otra parte, en los sueños todo es posible, incluida una gran explosión.

EL CENTRO PORTÁTIL DEL UNIVERSO

Los físicos cuánticos dicen que las partículas que emergen del campo cuántico se ven afectadas por la observación. Si no hay un observador, una partícula es una onda y puede aparecer en cualquier lugar del universo; en el instante en que se observa esa partícula, adopta una posición fija en el tiempo y el espacio y deja de ser una onda. Es decir, las partículas que constituyen todas las estructuras del universo dependen de que haya un observador para convertirse en algo que podamos percibir. No es descabellado por tanto afirmar que somos soñadores que soñamos nuestro mundo al especificar con nuestra consciencia ubicaciones concretas para las partículas. Esto es, por supuesto, lo que los chamanes y los místicos llevan diciendo desde hace miles de años. El maestro de ceremonias, el soñador supremo, es el Chamán Interior, y lo único que quiere es crear armonía, equilibrio y una experiencia de pura dicha. El mundo que experimentamos no siempre es armonioso, equilibrado y feliz, a causa de las distorsiones que crea la falsa personalidad, tema que estudiaremos con detalle. Solo con eliminar la ficción de esa falsa personalidad, lo que nos queda es pura verdad, amor y energía.

Los físicos cuánticos han determinado que la forma del universo es un *torus* o toro, algo semejante a una gigantesca rosquilla o un colosal anillo de humo. Imagina que ese anillo hace que el humo circule, que descienda por el centro, rodee la parte inferior del anillo hacia fuera, suba por los lados y, tras rodear la parte superior, entre de nuevo en el agujero y vuelva a descender. Digamos que el universo se crea cuando la energía, o humo, sale despedida por la parte inferior del agujero, lo cual significa que si estuvieras debajo del anillo de humo, te parecería que toda la creación sale despedida del agujero que hay en el cielo, encima de ti. Los hindúes de la Antigüedad decían que toda la creación proviene del punto *bindu*, y en la geometría sagrada la creación se considera que es el sol central, un punto con un círculo alrededor. Recuerda a un *torus*, ¿no?

Al ascender la energía por los lados del *torus* y rodear la parte superior, lo aspira todo a su paso, arrastrándolo consigo nuevamente hacia el centro del anillo, igual que un gigantesco agujero negro. Ahí es donde el universo desaparece. Así que ese *torus* gigantesco es a la vez un agujero de creación y un agujero de destrucción, principio que simbolizan Shiva y Shakti, dioses de la creación y la destrucción en el hinduismo.

Ahora imagina, como proponen los físicos cuánticos, que todo fotón de luz que irradian los átomos tiene un *torus* diminuto en el centro, del que aparece y en el que desaparece la luz en una dinámica sin fin. En el centro exacto del interior del agujero hay un punto donde un efluvio de energía o de luz desaparece y aparece otro. Qué es exactamente lo que hay detrás es algo que los físicos desconocen. Plantean la posibilidad de que haya universos múltiples o realidades paralelas, y tal vez sea así. Tarde o temprano tendrán que explicar de alguna manera qué hay detrás de todos esos universos y realidades. Los chamanes saben con claridad lo que hay ahí detrás. Declaran que es el Espíritu, la Fuente, el Todopoderoso, o sencillamente Dios. Coinciden también los chamanes de todas las culturas en que el centro del universo es portátil y está en cualquier lugar que digamos que está, incluso en múltiples lugares al mismo tiempo. Por consiguiente, desde su punto de vista, el Espíritu es omnipresente.

En términos energéticos, la concepción chamánica sitúa el corazón en el centro exacto de lo que algunos llaman huevo luminoso pero que también podría denominarse *torus*. En tu corazón, en ese caso, está el *bindu*, el punto de la creación, el lugar donde todo sucede. Y por supuesto, ahí es donde se ubicará el Chamán Interior. Sin embargo, haríamos bien en recordar que en el centro de toda partícula del universo hay un *torus*, o, dicho de otro modo, un centro del universo replicado millones y millones de veces. ¿Cómo puede haber más de un centro del universo? Los chamanes lo explican con facilidad. El universo es un holograma en el que cada punto es igual a cualquier otro. El universo entero se puede producir en cualquier punto que haya dentro de él. Lo que da poder a los chamanes es su capacidad de estar en el centro exacto del universo a voluntad. A esto se refieren al decir que, en definitiva, hay un único hijo del Gran Espíritu; solo parece que haya muchos.

2

CÓMO TRABAJA EL
CHAMÁN INTERIOR
CON EL ADN

Casi en cualquier campo de conocimiento imaginable hay información que ha empezado a explosionar..., a crecer, a expandirse a una velocidad sin precedentes. Se calcula que nuestra base de conocimientos ha experimentado un crecimiento tan rápido que la cantidad de información que en un tiempo se tardaba mil años en descubrir muy pronto pasó a descubrirse en quinientos, a continuación en doscientos cincuenta, luego en ciento veinticinco, y así hasta llegar a hoy, en que mil años de información se aprenden en solo unos días. Pronto esta progresión matemática lo reducirá a una medida de tiempo infinitesimal, y la cantidad de información será infinita.

La mente lineal, o hemisferio izquierdo del cerebro, no puede captar las implicaciones que esto tiene en la práctica, así que dependemos para ello del hemisferio derecho, que tiene una capacidad de pensamiento multidimensional. Si comprendemos que no existe realmente vacío en el espacio, que el espacio está lleno de información infinita, nos damos cuenta de que estamos ya rodeados e interpenetrados de información. Mediante el proceso de inducción, campos magnéticos solapados hasta el infinito informan instantáneamente a nuestro pequeño campo magnético biológico, y gracias a ello tenemos conocimiento privilegiado de toda la información existente en el universo entero. Siempre ha sido así, solo que no nos dábamos cuenta. Esto es lo que todos los grandes maestros iluminados descubrieron: que podían acceder a la totalidad del conocimiento del universo, que lo tenían al alcance de la mano..., o, más exactamente, en medio del pecho, donde reside el Chamán Interior. Jesús, el Buda, Krishna y Lao Tzu (por nombrar solo unos pocos) lo sabían.

Vamos a examinar esto con más detalle para que entiendas con claridad la gran fortuna que es tener lo que tienes a tu alcance: el poder extraordinario del que hablan los libros sagrados y los grandes maestros de todos los tiempos. Cuando intentas armar un rompecabezas, suele ser más fácil empezar por el marco y luego ir rellenando las piezas del medio hasta tener el cuadro completo. Así que vamos a comenzar por los márgenes y avanzar hacia el centro ensamblando las piezas hasta formar una estructura coherente.

Ha sido en estos últimos quince años cuando hemos sido capaces de elaborar un mapa del genoma humano y hasta cierto punto descifrarlo. Los seres humanos tenemos alrededor de veintitrés mil pares de genes, un número similar al de nuestro primo el chimpancé, y menor que el de algunas plantas. De hecho, si miramos el embrión temprano de una tortuga, una serpiente, un mono, una gallina y un ser humano, es difícil diferenciarlos. ¿Qué es lo que ocurre a continuación que los hace acabar siendo tan diferentes?

Solo el 10% del genoma humano parecía formar una secuencia; el 90% restante se calificó de ADN superfluo porque los investigadores no eran capaces de ver su utilidad. Ha sido hace muy poco cuando han empezado a descubrir que esos genes superfluos son una especie de interruptores que activan o desactivan otros genes según sea preciso. Los seres humanos contamos con un gen para una cola, pero está apagado; otros animales tienen genes que en nosotros están encendidos pero apagados en su caso. Esta es la razón por la que embriones de aspecto tan parecido acaban dando lugar a criaturas enteramente diferentes y con tan distintas facultades. Los científicos han empezado a comprender que no hay nada superfluo en el acervo genético, sino genes cuya utilidad no se entendió en un principio.

¿Por qué hablo de genes? Porque los genes son portadores biológicos de datos y nos dan acceso a una cantidad de información infinita en nuestro propio cuerpo. Toda la historia de la raza humana está contenida en nuestro acervo genético, pero eso no es todo. Cada gen dispone de un diminuto campo magnético, y entre todos tienen un campo magnético mayor. Y dado que todos los campos magnéticos del universo se solapan e instantáneamente se transmiten toda su información, resulta que puedes acceder a toda la información del universo a través de tus genes. Tus genes contienen información sobre tus las vidas pasadas, las lecciones que has aprendido, los compromisos que has contraído, dónde crees estar ahora y quién crees ser en este momento. Tu genoma, por tanto, es una biblioteca multidimensional de identidad personal, global y espiritual. Tus genes, integrados en cada célula de tu cuerpo, son tu carné de biblioteca con el que acceder al universo. Tus genes no son solo *sobre* ti; están más cerca del verdadero tú de lo que imaginas. Tu genoma es único, tuyo y solamente tuyo, y a la vez está conectado a la misma información a la que están conectados los genomas de todos los demás seres humanos. Así que, ¿te encuentras en realidad separado de los demás? ¡Claro que no! La diferencia entre las personas, aparte de sus características seleccionadas, es que algunas son más conscientes de la información a la que tienen acceso que otras. Eso es todo.

¿Qué papel desempeña en esto el Chamán Interior? En algunos sentidos, el Chamán Interior es indistinguible de tu acervo genético. También podría decirse que es el principio organizador que hay detrás de él. Ahora bien, tener esta fuente inagotable de energía y conocimiento debajo de la piel no necesariamente significa que hagas uso de todas sus funciones. Podrías, están a tu disposición; pero hasta ahora no lo has hecho. De lo que no cabe duda es de que en algún momento lo harás, porque esa es la dirección en la que la evolución nos empuja a todos a gran velocidad.

Imagina un ordenador que tenga instalado un *software* muy potente. Para acceder a los programas, tendrías que darle al ordenador las órdenes precisas; entonces se te abrirían dimensiones enteramente nuevas. Ahora bien, si no sabes que el ordenador tiene instalados esos programas, permanecerán inactivos, y quizá nunca llegues a beneficiarte de nada que no sean los toscos programas que estás acostumbrado a usar.

En este momento, el 95% de los seres humanos no utilizan conscientemente sus genes al completo. Es una lástima, porque todo el mundo tiene en su interior cuanto necesita para resolver gran parte de sus problemas, sobre todo los de salud. La mayoría de la gente utiliza menos de un tercio de su potencial genético. En su mayor parte, los seres humanos no han tenido la madurez suficiente para hacer uso de todas estas funciones hasta este momento. Ahora es el gran punto de inflexión; en la actualidad estamos haciendo una transición, de la consciencia de un alma joven a la de un alma madura. El propósito de la pubertad es en definitiva aprender a usar un juego de herramientas mucho más portentoso, ¿no te parece?

Dirijamos la mirada ahora a otra parte del rompecabezas. Varios de entre los libros más sagrados del mundo hacen referencia a «la Palabra». En la Biblia, el Evangelio según San Juan empieza diciendo: «En el principio ya existía la Palabra». La Palabra es sonido: una vibración específica que, con intención, hace que algo surja del campo cuántico y se haga manifiesto. Todas las grandes tradiciones chamánicas se refieren a este concepto: el poder de la expresión verbal, del sonido, de la vibración, de la creación. Hay sonido, o vibración, allá donde miremos en este universo. El Chamán Interior es sonido, vibración, palabra, y así es como interactúa con el gran coro de rumoroso ADN que no solo constituye tus células sino también el campo que hay a tu alrededor.

La Palabra hace referencia a la acción, el aspecto masculino de Dios. El vacío es su cara femenina, que lo contiene todo pero no especifica nada, que es paz o caos absolutos. Para ser específico, para diferenciar en el vacío un aspecto de otro, se necesita la cara masculina de Dios: pensamiento, intención, creación, acción. Se ha dicho que los seres humanos están hecho a imagen y semejanza de su creador, que son capaces de crear una intención por medio de la concentración y la consciencia atenta, que pueden dar voz a sus intenciones y tienen acceso a la base de conocimientos del universo a través de su acervo genético. Los genes necesitan comunicarse para cobrar vida. En el plano biológico, actúan por instinto y desempeñan su papel sin nuestra participación consciente; el programa está ya integrado y activado para cuando nacemos. Como resultado, nos hacemos hombres o mujeres con características físicas particulares. Este nivel instintivo de activación genética es el que la mayoría de la gente utiliza. Es un nivel muy básico..., como el del *software* que trae instalado de fábrica un ordenador barato.

Para descargar nuevos programas, es necesario saber que puedes hacerlo y tener el deseo de hacerlo. Para estar motivado, normalmente has de ser curioso y también tener una necesidad concreta. Si tu vida carece de sentido, no tendrás ni curiosidad ni necesidad. Si te sientes inútil o martirizado, no te apetecerá indagar. Si te da miedo el cambio, dejarás las cosas a medias. Si eres arrogante y lo criticas todo, te extraviarás por el camino. Si eres impaciente o ambicioso, no serás eficiente y no acabarás lo que has empezado. Pero si tienes el deseo de evolucionar, de madurar y descubrir los secretos del universo, si te mueve esa necesidad imperiosa y sientes que tu vida vale la pena, tendrás la motivación para hacerlo. En el pasado, estas eran las personas que llegaban a ser grandes maestros. Ese podrías ser tú también..., o, debería decir, ¡ese serás tú! Quizá ese seas tú ahora mismo. Es solo cuestión de tiempo. La oportunidad está ahora ante ti.

Vamos a ensamblar todo esto para que tengas una imagen completa. Traes al nacer todo lo que necesitas para trascender con mucho tus instintos. Posees el poder de la palabra, el componente de acción del Espíritu o Dios; la palabra es la orden que has de dar para activar los programas de tu acervo genético. Tienes acceso al Chamán Interior, que coordina tus genes. Dispones de libre albedrío, lo que significa que puedes empezar en el momento que quieras. Tienes la capacidad necesaria para experimentar un cambio rápido y radical, a diferencia de las plantas y los animales, que están más sujetos al instinto. Ellos están aquí para servir y evolucionar más bien despacio; tú estás aquí para evolucionar rápido, como cuando se produce una transformación repentina. Has venido a ese mundo para trabajar con uno y otro extremo del espectro: la pura infinitud del campo cuántico y tu base biológica carnal. Estás aquí para elegir y llegar adonde ningún hombre o mujer ha llegado antes.

Recuerda, tus genes responden a tus intenciones y a tus órdenes: tu palabra. Tienes que hablarles a tus genes. Tu cuerpo es un elemental, una fuerza de la naturaleza, y está hecho para recibir instrucciones. A través de tus genes, tu cuerpo tiene acceso a una información que puede indicarle y recordarle maneras más efectivas de funcionar. El Chamán Interior reside en el espacio de tu corazón y es esa parte de ti que está en total comunicación con tu acervo genético en todo momento. Sin embargo, tu Chamán Interior no actuará sobre tu acervo genético sin tu permiso. Por eso tener una relación con el amado Chamán Interior es tan importante: les hablas a tus genes y a las células de tu cuerpo a través de él, que hace de catalizador. Todo el mundo tiene un Chamán Interior, sin excepciones. Es lo que nos hace únicos entre las criaturas de este planeta —no mejores, simplemente únicos—, lo que nos permite acceder al Espíritu o, como los chamanes lo llaman, el Mundo del Espíritu, donde reside todo el poder. Es tu conducto al universo.

EJERCICIO: ACTIVAR EL ADN POR MEDIACIÓN DEL CHAMÁN INTERIOR

1. Busca un espacio tranquilo en el que tengas privacidad, y ponte cómodo. Puedes estar sentado o de pie.
2. Dirígete a tu Chamán Interior o a tus genes directamente, lo que te resulte más natural; en definitiva, es lo mismo. Puedes leer en voz alta la siguiente declaración o leerla para ti y parafrasearla luego:

Chamán Interior: sé que estás conectado con todos los aspectos de mi acervo genético, que interactúa activamente con el campo cuántico en este instante. Estoy tan contento y agradecido por todo lo que has hecho por mí a lo largo de mi vida, por procurarme lo necesario incluso cuando he sido ignorante de tu presencia y por ayudarme a seguir adelante aun cuando me he comportado como un necio.

Haciendo uso de la palabra para emplear la capacidad que tengo, te doy permiso ahora para que actives plenamente y a todos los niveles las facultades de mis genes y pueda así tener una salud óptima, completar del todo la tarea que he venido a cumplir y alcanzar el nivel más elevado de felicidad y satisfacción que pueda manifestar en esta vida.

3. Puedes terminar aquí, o puedes expresar a continuación intenciones concretas. Algunas opciones son, por ejemplo:

Te doy pleno permiso para que actives aquellos aspectos de mis genes que puedan sanar rápidamente esta lesión (o situación, síntoma o enfermedad). Dame la oportunidad de aprender la lección sobre lo que la precipitó, con rapidez a través de los sueños o directamente por la percepción o comprensión instantánea de la verdad.

Coloca la mano derecha en sentido vertical delante del pecho, con la palma de la mano mirando hacia la izquierda, y di: «Ahora estoy en mi saber».

O bien:

En este momento apelo a la maestría de X que he alcanzado en cualquier vida pasada y que pueda utilizar ahora para el proyecto Y o la situación Z. Gracias por transferírmela inmediata y plenamente.

O bien:

Activa y accede a todo el conocimiento que pueda ayudarme a saber en este momento cuál es el mejor curso de acción que debo adoptar con respecto a X.

Coloca la mano derecha en sentido vertical delante del pecho, con la palma de la mano mirando hacia la izquierda, y di: «Ahora estoy en mi saber».

O bien:

Activa el diseño perfecto, el plan original para que disfrute de una salud óptima, la sanación total de mi cuerpo en este instante. Agradezco a todos mis ayudantes y aspectos proyectados de mi esencia por apoyarme y ayudarme con tal energía y firmeza a sanar, nutrir y revivificar mis células, renovar mi cuerpo y restaurar cada detalle a su nivel óptimo de aptitud, flexibilidad y energía. Eleva la amplitud de mis capacidades, mi vibración y mi consciencia al nivel más alto que sea apropiado para mí en este momento. Ayúdame a descubrir con rapidez cuál es el servicio óptimo que puedo hacer al mundo.

Coloca la mano derecha en sentido vertical delante del pecho, con la palma de la mano mirando hacia la izquierda, y di: «Ahora estoy en mi saber».

3

EL CHAMÁN INTERIOR

Y SU ADMIRABLE TAREA

Como acabas de ver, a través de los aspectos multidimensionales y cuánticos de tu ADN, el Chamán Interior está completamente conectado con todo lo que *es* —el Tao, el Logos o, en otras palabras, la Fuente del universo—. Y puesto que el Chamán Interior forma parte del Tao, *es* el Tao, ya que según los taoístas chinos de la Antigüedad, el Tao no se puede dividir. Ser una *parte* de todo es de hecho imposible, puesto que cada parte es también todo. Por tanto, tu Chamán Interior *es* todo, infinito e inmortal. Intentar concebirlo como si estuviera separado de ti es igual que intentar separar una parte del océano con una red y darle a esa parte un nombre distinto. O es el océano o no lo es. La tarea del Chamán Interior es vibrar al unísono con el Tao, aunar voluntades con él, que su intención coincida con la suya, igualarlo en magnitud, luz y creatividad, soñar con él y, finalmente, expandirlo.

Los resultados del trabajo que realiza tu Chamán Interior son extraordinarios; nada menos que el florecimiento de tu percepción directa, de tu consciencia y de tu ser. Tal vez suene completamente escandaloso, pero en el ámbito del misticismo, cuanto más escandalosa es la enseñanza, mayor verdad encierra. La verdad es con frecuencia más extraña que la ficción.

Hay un cuento budista muy conocido que ilustra muy bien la naturaleza del Chamán Interior. Un joven monje estudiante de zen oyó hablar de un gran maestro que vivía como un ermitaño en una pequeña cabaña en la cima de una montaña muy alta. Con mucho esfuerzo y tras grandes penalidades, consiguió escalar la montaña y llegó al pequeño refugio. El maestro lo saludó con cordialidad e invitó al joven a que pasara a tomar un té. Entraron juntos en la construcción de piedra y se sentaron ante una pequeña mesa, sobre la que el maestro puso una tetera y dos tazas. El joven estudiante, deseoso de impresionar al maestro zen con sus conocimientos, hablaba sin parar de todo lo que había comprendido y observado. El maestro, sin decir nada, empezó a servir el té. Llenó la taza del joven monje hasta el borde y siguió echando té en ella, dejando que se desbordara. Mientras el joven hablaba y hablaba, el té se iba derramando por la mesa y luego por el suelo, y el maestro seguía echando. Al final, el monje perdió la paciencia y gritó:

—¡Viejo loco! ¡¿No ve que la taza está llena?!

El maestro respondió:

—Sí, igual de llena que tu mente. Si quieres aprender algo nuevo, primero tienes que vaciarla de lo viejo, o no podrás meter nada más en ella.

El Chamán Interior es como el espacio interno de esa taza. No está hecho de nada tangible, como el té, que puede estar en la taza o en otra parte. Ese espacio tiene la capacidad de acoger conocimientos nuevos, desconocidos.

También puede asemejarse el Chamán Interior al espacio que constituye tu casa. Quizá esté abarrotado de muebles, libros, ropas, aparatos y objetos de lo más diverso, pero tanto si el espacio está lleno como si no, a él no le afecta. Puede que llegue alguien y se instale en él con sus pertenencias, o que se marche y se las lleve consigo y luego aparezca otra persona con las suyas, pero el espacio existe independientemente de a quién pertenezcan los objetos o de si lo llenan o no. El espacio es inviolable, y también lo es el Chamán Interior. El Chamán Interior se parece más al espacio o contexto que ninguna otra cosa. Tus experiencias, pensamientos, identificaciones, preocupaciones, sentimientos y sensaciones concretos son como los muebles y objetos que se meten y sacan de la casa. Vienen y van. El espacio o contexto no. Es estable y sin embargo no tiene límite, pues está conectado con su totalidad. Esto es lo que el maestro zen quería hacerle ver al joven monje: estate en silencio como el espacio que hay en la taza, no lleno de ruido como todos esos pensamientos o el té que se derrama por el suelo.

LA TAREA DEL CHAMÁN INTERIOR Y EL UNIVERSO TRINO

La tarea del Chamán Interior es soñar el sueño de la verdad a gran escala. Y está incluido en esta tarea centrarse a la perfección en, a partir de todo cuanto es, soñar tu esencia. Los chamanes de la tribu shuar de la selva ecuatorial del Amazonas enseñan que la vida es como la soñamos, que es así, que todo es un sueño. Todos los chamanes estarían de acuerdo. De este modo, el Chamán Interior certifica que estás conectado con todo lo que es, con el Gran Espíritu, con el Tao, con tu naturaleza búdica, con la fuerza crística, todos los cuales son para ti un puerto seguro en medio de la tempestad. En una palabra, el Chamán Interior es el «hogar». ¿Cómo puede ser, entonces, que los seres humanos lleguen a desconectarse de tal fuente de energía? ¿Cómo es posible que todo ser humano tenga un Chamán Interior y no lo sepa? Pronto examinaremos este fenómeno tan extraño con más detalle. Por el momento, digamos simplemente que el cuerpo físico y la personalidad que lo acompaña llevan grabadas a fuego las rígidas creencias de la cultura, la sociedad y la familia, creencias que son como muros de contención para la mente, destinadas a no dejar entrar ni información ni la verdad. Y la información que llega a entrar pasa por el filtro de esa impronta y condicionamiento, lo cual distorsiona la pureza de la visión que el Chamán Interior tiene de quién eres. Esta distorsión recibe el nombre de *maya*, como el hinduismo denomina a la percepción y al pensamiento ilusorios, y que es la experiencia que los seres humanos tenemos del mundo. En esencia, la experiencia entera de nuestra vida es una alucinación, y esto incluye la que creemos que es nuestra identidad, toda la información que recibimos a través de los cinco sentidos, la totalidad del universo físico tal como lo percibimos..., en definitiva, todo lo que registramos como realidad. Dicho de otro modo, como dicen los shuar, estás soñando.

La tarea del Chamán Interior es, además de despertarte a la verdad de quién eres, ocuparse de un diminuto nódulo radicado en el cuadrante superior derecho del corazón que recibe el nombre de nodo sinoatrial o sinoauricular. En él se origina el impulso eléctrico que pone el corazón en marcha y lo hace seguir latiendo durante nuestra época embrionaria y los primeros años de vida. Al llegar a la edad adulta, los impulsos eléctricos provienen de múltiples puntos del corazón. Aun así, dentro del nodo sinoatrial sigue habiendo un diminuto portal de acceso a lo que los chamanes llaman el Mundo del Espíritu (que, invisible al ojo humano, se conoce también como el campo cuántico que describen los físicos).

Para los chamanes de todo el mundo, el Espíritu es la fuente única de todo el universo: aquello que es indescifrable, perfecto y omnipresente. Como es natural, en los distintos lugares se le dan diferentes nombres a esa fuente suprema. Los espíritus, por otro lado, son los seres que habitan el universo. Todo tiene espíritu, luego los espíritus están en todo: en las plantas, los animales, las nubes, las montañas, los barrancos... y también en los seres humanos. Todos somos espíritus que ocupamos formas físicas creadas por el Espíritu para expresar el Espíritu. Naturalmente, hay muchos espíritus que no ocupan una forma física en el momento presente.

El Mundo del Espíritu es el campo que el Espíritu ocupa. Es la fuente de todo poder, la fuente de toda la energía que anima y mantiene el mundo físico en movimiento. Los chamanes de todas partes coinciden en que el mundo físico es meramente una sombra, un reflejo o un eco de la fuente de todo, radicada en el Mundo del Espíritu. El Mundo del Espíritu contiene el proyecto o plan arquetípico de todo lo que jamás ha sido, es o será. En él, todo está a nuestro alcance, pero aún por manifestarse; hace falta una consciencia con gran capacidad de atención y centro, como la de un ser humano, para poner la intención en algo a fin de que se traduzca en manifestación física.

Lo que impulsa a las cosas a ser es la intención, la atención y una emoción fuerte. Si nos descuidamos, podemos manifestar precisamente aquello que tememos, ya que el Mundo del Espíritu lee la resistencia que oponemos igual que lee el deseo. Según la sabiduría chamánica, aquello a lo que oponemos resistencia es en lo que nos convertimos. Y ten cuidado de lo que pides, ¡porque lo harás manifestarse tarde o temprano! La capacidad de soñar algo y hacerlo ser es una imponente responsabilidad que merece respeto. Nuestra consciencia de seres humanos nos hace creadores conjuntamente con el Espíritu; y el centro de esta actividad creativa es el corazón humano. Esta es la razón de que muchas representaciones de Jesús y María los muestren señalando a sus corazones, y de que la orden sufí, la tradición mística del islamismo, tenga como símbolo un corazón con alas.

El nodo sinoatrial —el diminuto portal que se abre en el corazón muy cerca del centro del pecho— contiene tres filamentos, invisibles al ojo humano, infinitamente más finos que las hebras de seda que forman una tela de araña. Como los cables de fibra óptica, estos filamentos conducen una enorme cantidad de información y energía. Su labor consiste en transportar tres componentes clave, del Espíritu directamente al corazón, para su distribución a través del ADN. El primero es la verdad, o la inteligencia del universo. Tu cuerpo contiene en su interior la inteligencia del cosmos, puesto que la verdad entra directamente en él canalizada a través del corazón. El segundo es el amor, denominado también magnetismo, que es la fuerza que atrae los elementos y mantiene tu forma unida para que tu cuerpo tenga integridad; es la misma fuerza que mantiene hermanados los sistemas planetarios y las galaxias. Y el tercero es el poder, la energía pura que te anima y te permite tomar decisiones, emprender acciones y realizar movimientos. Es a lo que ya me he referido como el componente de acción que es inmanente a Dios..., en la tradición cristiana y hebrea, la Palabra: la capacidad de elegir, de hacer que las cosas ocurran, de aceptar las consecuencias de esas elecciones, de tener experiencias. Sin poder, sin la Palabra, nada ocurriría. Según los chamanes, este poder es neutral, ni bueno ni malo; lo que hagamos con él es lo que determina si su influencia es positiva o negativa, dependiendo de nuestra experiencia. Los q'eros, de los Andes, llaman *sami* al aspecto positivo y *hoocha* al inarmónico. Fíjate en que *hoocha* no se considera negativo; dicen los q'eros que simplemente le falta entrar en resonancia con lo que nos hará felices.

Estos tres componentes se conocen juntos en muchas tradiciones distintas; siempre se consideran los pilares fundamentales del universo visible. La tríada de la tradición cristiana está formada por el Padre (amor), el Hijo (verdad) y el Espíritu Santo (energía). La inca tiene el Cóndor (amor), la Serpiente (verdad) y el Puma (energía). Los huicholes llaman a estos componentes Grano (amor), Venado (verdad) y Peyote (energía). En la ciencia los encontramos como los ingredientes mayoritarios del universo material: oxígeno, hidrógeno y nitrógeno. Otras tradiciones tienen símbolos que ilustran la fuente triuna del universo, por ejemplo la flor de lis francesa o el tridente hinduista.

En la geometría sagrada, la fuerza triuna está formada, primero por un punto, que representa la Fuente, el Todopoderoso, el Gran Espíritu, Alá... Este único punto crea un descendiente, o se replica, dando lugar a dos: el Espíritu y el hijo del Espíritu, y nace así la dualidad, la tensión dinámica que crea todo lo que conocemos: por medio de lo masculino y lo femenino, el frío y el calor, lo fuerte y lo débil, y así sucesivamente. Desde el punto de vista geométrico, el segundo punto orbita alrededor de su fuente describiendo un círculo. El emblema del círculo con un punto en el centro representó la más sagrada de las enseñanzas entre los egipcios, los incas y otras civilizaciones que adoraban al sol. El punto representa el sol interior, invisible, la fuente; el círculo que lo rodea, el sol exterior o visible, el hijo. Los chamanes dicen que es necesario tender un puente entre el mundo invisible y el visible desarrollando la capacidad de estar en ambos a la vez, de estar en equilibrio.

El tres, el número del cambio, no es un número equilibrado. Es inestable por naturaleza. Piensa en cómo un taburete de tres patas tiende a tambalearse más que una silla de cuatro. Esta inestabilidad crea el movimiento ilusorio que percibimos como tiempo y como movimiento a través del espacio, y que es necesario para que experimentemos lo que es ser seres humanos. Los tres son aspectos del uno, pero con el uno solamente no hay ningún lugar adonde ir ni nada que hacer; todo es perfecto. Cuando ese uno adopta forma tripartita —aparenta ser tres—, ¡como por arte de magia se produce la ignición, un mundo físico con infinidad de partes con las que jugar! Verdad, amor y energía son tres. El Chamán Interior es uno, el núcleo, la fuente y, por tanto, el hogar.

En la ciencia de la numerología, el estudio del significado simbólico de los números, el tres representa los procesos catalíticos, la acción, hacer que las cosas sucedan. Este universo físico trino está sometido a un flujo constante de acción, fenómenos, sucesos, cambios y transformaciones. Nuestro mundo evoluciona gracias a la mezcla y alquimia de la verdad, el amor y la energía. Sin cualquiera de los tres, no habría ni la menor posibilidad de que existiera un universo físico.

LA ESTABILIDAD DEL CUADRANTE

Los tres componentes fundamentales del universo necesitan de un cuarto elemento que los estabilice y les dé dinamismo. En el mundo físico, que está formado mayoritariamente de oxígeno, nitrógeno e hidrógeno, ese cuarto componente es el carbono, el elemento primordial de que consta nuestro cuerpo. Cuando la verdad, el amor y la energía entran en el mundo físico a través de nuestro corazón (carbono), las formas se manifiestan, se animan y adquieren estabilidad temporal.

El Chamán Interior tiene la tarea de mantener activo el flujo que entra en el corazón: el flujo de inteligencia, de amor y de energía. Es un flujo que nunca se detiene hasta el momento en que muere el cuerpo; si lo hiciera, aunque solo fuera durante una fracción de segundo, la vida cesaría de inmediato. Así de importante es el Chamán Interior para tu vida. Reside en el corazón, y en un estado de concentración y meditación profundas hace surgir esa acción de la Fuente, del Mundo del Espíritu, de todo lo que es. Tal vez no seas consciente en absoluto de esta actividad, pero si prestas un poco de atención quizá percibas que algo decisivo para tu vida sucede a cada momento en ese lugar.

El Chamán Interior es el coordinador de las tres corrientes: de verdad, amor y energía; es, por así decirlo, el maestro de ceremonias de tu ser. Es el *meister* del ADN, el director que enciende y apaga los diversos interruptores de ADN y determina con exactitud el ser humano que serás, con tus diversos talentos, capacidades y limitaciones. La ciencia no ha sabido explicar todavía por qué se activan ciertos genes y se deja que otros permanezcan latentes. La inteligencia que hay tras ello es tu Chamán Interior. El Chamán Interior sabe de dónde venías antes de esta vida y hacia dónde te dirigirás después de ella; sabe exactamente en qué punto de tu trayectoria evolutiva te encuentras y qué necesitas para acelerar la evolución hacia una total maestría. El Chamán Interior sabe porque está hecho para saber. Eres tú a un nivel profundo, muy por debajo del tú superficial identificado con una identidad, distraído, que se mete en toda clase de líos y se queja de ellos. Tiene mucho más poder que Supermán, el Hombre Araña o cualquier héroe de acción con capacidades sobrehumanas.

EJERCICIO: PERCIBIR LOS TRES COMPONENTES VITALES

Una manera de percibir estos componentes vitales —verdad, amor y energía— es verlos, captarlos o sentirlos como colores que entran en tu corazón y luego se irradian a todas las células del cuerpo. Dedica un momento a visualizar lo siguiente:

1. La verdad del color del oro más puro, que brilla, reluce, centellea atravesando el espacio infinito y penetra en los átomos, los protones, los electrones y el espacio que constituyen tanto los aspectos físicos de tu ADN como sus aspectos cuánticos. En última instancia, esta combinación crea la forma de tu cuerpo.

2. El amor de color rosa, el rosa más bello del amanecer, fluyendo también por las células y átomos del cuerpo e irradiándose hacia el exterior a través del ADN hasta formar un extraordinario halo de forma oval a tu alrededor, el huevo luminoso del que hablan los chamanes toltecas.

3. La energía de color azul eléctrico, el exquisito azul de la llama de una vela, irradiándose, impulsándose hacia el exterior, energizando tu ADN, tu cuerpo, y animando tu huevo luminoso. Todo esto lo elige, lo hace realidad, lo presencia, lo acepta y lo permite el Chamán Interior.

Es importante expresar gratitud al Chamán Interior por estas tres corrientes tan vitales de material de origen de las que te provee de forma gratuita veinticuatro horas al día los siete días de la semana. Recuerda que si cualquiera de ellas cesara de fluir durante un solo segundo, dejarías de existir. Cuantas más muestras de gratitud des al Espíritu o a la Fuente de cada corriente, más te dará el Espíritu. Así es como las haces crecer. Todos los grandes maestros y sabios descubrieron que cuanto más tiempo dedicaban a sentir gratitud por esta generosa abundancia, mayor era cada día su riqueza interior.

LA INTERDEPENDENCIA DE LAS TRES CORRIENTES

Los chamanes describen el campo de energía que rodea el cuerpo humano como un huevo luminoso porque tiene forma oval y está lleno de luz y color. Carlos Castaneda, que estudió con un maestro yaqui al que llamaba Don Juan, lo describió como una olla de barro tumbada de lado y con la base delante. Los q'eros lo llaman *poqpo*, y los teósofos lo denominaron aura. Las tres corrientes de luz que he descrito llenan ese campo de forma oval de una vitalidad increíble.

Estas tres corrientes no están tan diferenciadas como he indicado, pero en aras de la claridad y la comprensión es mejor considerarlas como hebras separadas. En realidad, forman un todo integrado, y entrelazadas emanan el más bello color violeta, el color de la pureza más absoluta, la esencia de la espiritualidad.

Una de las maneras en que los seres humanos percibimos estas tres corrientes es cuando fluyen a través de nuestros tres centros primordiales o chakras: el centro de la frente, el centro del corazón y el centro del ombligo, o la cabeza, el corazón y el abdomen. Desde el corazón, que recibe las tres corrientes, la de energía fluye en sentido descendente hasta el abdomen y la de la verdad, en sentido ascendente hasta la frente; desde allí se irradian a todas las partes del cuerpo y el campo energético, donde se manifiestan en forma de expresión personal. En conjunto, los tres centros representan el pensar, el sentir y el actuar, tres aspectos de ser plenamente humanos. Sin embargo, pensar sin sentir es frío y calculador, maquinal, y pensar sin actuar se traduce en impotencia. Actuar sin sentir es despiadado, y actuar sin pensar es insensato. Sentir sin pensar carece de dirección, y sentir sin actuar no puede tener efecto pleno. Por tanto, cada corriente depende de las otras dos para cumplir su misión. Por eso el Espíritu nos las proporciona con constancia y en igual medida. Es responsabilidad nuestra darles a estas tres corrientes la libertad de interactuar que les corresponde, y nuestro Chamán Interior nos guía para que encontremos y mantengamos el equilibrio entre ellas. El corazón, por ser el puente entre el abdomen y la frente, tiene una posición clave en la comunicación entre las tres corrientes. Se puede vivir la vida sin mucho sentimiento, pero ¿qué clase de vida es esa?

Como a nuestra falsa personalidad le hemos dado voto en nuestros asuntos, por miedo y afán por protegerla intentamos a veces cortar el suministro de una o más de estas corrientes. Cerramos la mente, el corazón o el aporte de energía y experimentamos rigidez e insensibilidad o debilidad e impotencia. El Chamán Interior sigue concentrándose en que fluya esa corriente, pero el ego no la admite. Este proceso de ignorarla y cortar el acceso a ella es la causa de todo el sufrimiento que el ser humano ha creado y crea en el mundo; es la fuente de toda la depresión, ansiedad, ira, codicia, envidia, celos, arrogancia, terquedad, impaciencia, victimismo, autodestrucción y autocastigo, actividades todas ellas fomentadas por la falsa personalidad para impedir que nos identifiquemos con el Chamán Interior, que es la sentencia de muerte para el ego.

Llegará el momento, después de haber trabajado con estas tres corrientes, en que empieces a comprender que tu cuerpo no es más que la vaina, la cáscara, que contiene la semilla que eres, que es verdad absoluta, amor infinito y energía eterna. Esta vaina tiene una función muy importante y necesita cuidados y alimento, pero cuando sea hora de que la semilla germine, la vaina se abrirá y perecerá, revelando la vida real que contiene. Esto no significa que tengas que morir para que nazca la semilla; significa sencillamente que tienes que hacer una transferencia de identificación: no identificarte ya con la personalidad de tu cuerpo sino con tu verdadera identidad, que reside en tu corazón, el Chamán Interior, las semillas de la creación..., la semilla de oro de la verdad, la semilla rosa del amor y la semilla intensamente azul de la energía. Estos colores combinados representan a tu auténtico ser; ya no confundirás quién eres con la cubierta que temporalmente contenía las semillas. Estas tres corrientes son cuánticas, infinitas, ilimitadas y se encuentran en todas partes, a través del tiempo, el espacio y más allá. En cuanto te identificas con ellas, empiezas a percibir que eres ilimitado y estás conectado con la fuente infinita de poder, amor y sabiduría. Cuando esta realización se complete, habrás alcanzado tu propia realización, *samadhi*, *satori*, la iluminación.

4

LOS BENEFICIOS DE TRABAJAR CON EL CHAMÁN INTERIOR

A estas alturas, espero, habrás empezado a apreciar el valor y la importancia del Chamán Interior, así como el papel integral que desempeña de cara a tu felicidad y plenitud. Mientras trabajas con el Chamán Interior, irán teniendo lugar una diversidad de sucesos internos. Estas son algunas, aunque no todas, las transiciones que se producirán:

1. Empezarás a identificarte menos con tu relato personal.

2. Te identificarás menos con tu cuerpo, pero podrás cuidar de él mejor que nunca.

3. Te verás libre de algunos o todos los hábitos que te causaban infelicidad, dolor y sufrimiento.

4. Reconocerás los acuerdos a los que has llegado y serás capaz de cumplirlos mejor que nunca.

5. Reconocerás y resolverás compromisos kármicos sin oponer resistencia.

6. Te sentirás mucho más en paz, y mucho menos víctima de las experiencias de tu vida.

7. Verás resultados rápidos de tus pensamientos y acciones.

8. Experimentarás más alegría y satisfacción que nunca antes.

9. Reconocerás y apreciarás la belleza que te rodea más que nunca.

10. Experimentarás un crecimiento asombroso de tu creatividad y productividad.

11. Descubrirás que eres más inteligente y culto que antes.

12. Serás más neutral y tolerante con las personas molestas y los problemas de la vida.

13. Te sentirás más desapegado del dinero, de los obstáculos y de las condiciones que hasta ahora considerabas indispensables para ser feliz.

14. Sentirás más compasión por los demás y perdonarás con más facilidad a aquellos a quienes antes habrías criticado.

15. Tendrás una comprensión de las cosas más global y sinérgica.

16. Tus interacciones con la gente serán más gratas, cordiales y respetuosas.

17. Los animales se sentirán más atraídos hacia ti.

18. Tendrás más energía y te sentirás más joven.

19. Experimentarás mayor libertad en tus sueños y visiones de lo que quieres. Habrá resultados rápidos.

20. Se producirán excepciones a todo lo que acabo de decir hasta que alcances el nivel de maestría.

A medida que vayas adquiriendo experiencia en trabajar con el Chamán Interior, descubrirás que llevas cada vez más las riendas de tu vida. Tendrás más poder para lograr tus metas y visiones, así que es importantísimo que sepas con claridad lo que quieres. Ya no será suficiente con limitarte a reaccionar a los sucesos que parezcan estar ocurriéndote, sino que serás cada vez más consciente de que eres el autor de tus experiencias..., y tus experiencias las generan los pensamientos en los que pones la atención. Esta es una idea que te otorga gran poder, y verás que empiezas a ser más proactivo en tu vida.

A medida que la alianza con el Chamán Interior vaya otorgándote poder, te será mucho más difícil sentir que estás a merced de los demás, que eres víctima de las circunstancias de la vida, que tu forma habitual de contar tu historia determina quién eres. Descubrirás que, de hecho, el modo de contar la historia de tu vida cambia; en vez de ser un relato de dolor y penalidades que termina en fracaso y desengaño, empezará a parecerse al viaje de un héroe, en el que cada reto te ha llevado a un estado más elevado de maestría y madurez.

Sentirás que eres más sensato y que aceptas las cosas con más facilidad, y crecerá tu compasión hacia aquellos que intentan abrirse paso a través de su ignorancia. Al mismo tiempo, descubrirás que eres más implacable, que estás menos dispuesto a aguantar tu discurso quejumbroso porque tendrás la certeza de que son sentimientos que no se corresponden con la realidad y no deben tolerarse. Aunque serás en líneas generales más compasivo, serás a la vez menos proclive a sentir lástima por aquellos que repetidamente se quejan y gimotean para que se les haga caso.

EJERCICIO: CONTAR EL RELATO DE TU VIDA

Puedes hacer este ejercicio a solas, escribiendo en tu diario o en el ordenador, o con un compañero con el que compartir tu relato y el suyo. Es enormemente aleccionador escuchar el relato de otra persona y observar sus reacciones.

Primero cuenta la historia de tu vida, empezando por el nacimiento, como si fueras víctima absoluta de las circunstancias. Se trata de una tragedia plagada de dificultades que te hace sentir lástima de ti mismo. Extiéndete cuanto quieras, dependiendo de la duración de tu vida y de lo detalladamente que quieras describirla.

A continuación, cuenta la misma historia, solo que esta vez eres el héroe o la heroína que supera los retos y dificultades y sale de ellos victorioso. Todos los contratiempos fueron pruebas o iniciaciones, y cada uno de ellos te permitió aprender una lección decisiva que aceleró tu evolución y te ayudó a madurar. Date cuenta del efecto que tiene en tu oyente y en tu estado de ánimo. ¿Qué relato prefieres? ¿Cuál de los dos es más cierto? ¿Cuál será la historia oficial que cuentes a partir de ahora? ¿Cuál te contarás a ti mismo? ¿Estás preparado para soltarte definitivamente de tu profundo resentimiento o de tus sentimientos de mártir? ¿Estás listo para desapegarte del placer que te produce hacer que los demás sientan lástima de ti? ¿Estás dispuesto para un nuevo relato?

LA INSIGNIFICANCIA DE TU RELATO

En realidad, no necesitas un relato, pues a fin de cuentas todos los relatos son ficción. Desde la perspectiva chamánica, no importa qué sucedió en el pasado, da igual lo difícil o lo fácil que fuera. Lo importante es lo que sientes ahora y lo que en definitiva piensas sobre lo que has vivido, pues eso es lo que determina la calidad de tu presencia y experiencia actuales.

Es imposible de expresar con palabras la importancia que tiene este aspecto del chamanismo. En un tiempo creía que era importante contar la verdad desnuda sobre mi pasado y no edulcorar el relato con paparruchas idealistas o negarme a admitir lo que realmente había ocurrido. Sin embargo, poco a poco me fui dando cuenta de que aquel énfasis que ponía en decir la verdad era muy subjetivo. ¿Cómo podía fiarme de que sabía lo que era verdad cuando todos mis recuerdos y perspectivas estaban influenciados por las tendencias y opiniones que tenía actualmente? Descubrí que no sabía cuál era la verdad; ninguno de los pensamientos y sentimientos procedentes de mi personalidad superficial eran fiables, pues emanaban de una falsa personalidad, no del Chamán Interior. ¿Cómo lo sabía? Porque cualquier pensamiento o sentimiento que tenga un interés egoísta, que tenga motivos ocultos, proviene de ella.

Dedica unos minutos a pensar seriamente en esto. Cuando dejes que penetre en ti, verás que es revolucionario. La falsa personalidad tiene una actitud arrogante. El Chamán Interior es neutral, no persigue un interés. A él le da igual que pienses que la vida te ha maltratado o ha sido injusta contigo; lo único que dice es: «Despierta, has tenido un mal sueño. Ahora estás presente y despierto, y nada te limita». La mente quiere protestar, y decir: «Ya, pero ¿qué hay de esto y de aquello?», y se indigna, se encoleriza, se rebela. Todo eso es simple arrogancia y deberíamos tomarlo como una advertencia inconfundible. El Chamán Interior es implacable y solo dice la verdad; es amorosamente neutral, como un padre o una madre sensatos que intentan calmar a su hijo disgustado y testarudo.

5

CÓMO COBRÓ VIDA
EL CHAMÁN INTERIOR

Este es un relato mítico que cuenta la historia del Chamán Interior y de cómo cobró vida. Muchas veces las leyendas y los mitos llegan a la verdad más que el dogma y otros postulados que intentan ser empíricos.

Hace mucho, muchísimo tiempo, tanto que el tiempo aún no se había creado, el Gran Espíritu, conocido también como Tao, disfrutaba siendo la grandiosa fuente de todo, y mientras cavilaba sobre lo que era y lo que podría ser, miró a su alrededor y dijo:

—¿No sería magnífico que creara un yo en miniatura con el que compartir el universo? Tendría un hijo.

Y con este pensamiento se creó un hijo, y ese hijo empezó inmediatamente a jugar y a crear..., y, como hacen los niños, imaginó ser muchos personajes distintos y los representó todos a la vez. Al instante se formaron trillones de yoes en miniatura, facetas y reflejos todos ellos del Gran Espíritu que era a la vez padre y madre de toda esta actividad. El Gran Espíritu había hecho realidad el sueño de compartir la totalidad de la creación, y los miniyoes por su parte se maravillaron de su experiencia y de su facultad de ser conscientes de todo. Jugaron y se divirtieron con la creación en un ahora infinito, derivando sus propias experiencias de la colosal paleta del Gran Espíritu. (Cada uno de esos destellos de consciencia es lo que percibimos como nuestro yo individual.)

Un día cósmico, los miniyoes tuvieron una idea muy interesante. Era una locura, un pensamiento imposible, pero aun así, en la infinitud de todo, tenía que manifestarse como fuera. El pensamiento era: «Me pregunto cómo sería estar en un universo donde yo fuera el creador de todo. ¿Qué pasaría si hiciera ver que no hay más Gran Espíritu que yo?». Y como en el cosmos no se puede tener ni el más leve pensamiento que no se haga realidad y se explore al instante, instantáneamente se soñó un universo físico ilusorio. De la nada, un universo físico cobró vida, con las dimensiones inherentes de tiempo y espacio. Los miniyoes, entusiasmados, ayudaron a crear soles y planetas que sustentaran la vida y, dividiéndose en siete rayos, seleccionaron formas de vida elevadas en las que encarnarse, especializándose en siete tipos distintos de seres sintientes: artesanos, sabios, sirvientes, sacerdotes, guerreros, reyes y eruditos. En cuanto lo hicieron, de acuerdo con su imaginativa idea olvidaron completa, aunque temporalmente, su origen y se identificaron con los cuerpos físicos que ocupaban.

Como por efecto de las capas instintivas de su ADN se acordaban vagamente de su creador, de su origen, hicieron ídolos de piedra, y rindieron culto a una diversidad de dioses imaginarios y temieron su ira, pues se sentían culpables de su experimento, sumidos en su imaginaria separación. Para gran sorpresa suya, la vida física les hizo conocer la enfermedad, el dolor, el pesar, el miedo, la ira y la muerte. Estas experiencias desagradables eran derivaciones inevitables del mundo que habían soñado, pero buscaron refugio en las muchas distracciones que les ofrecía su sueño con la esperanza de poder escapar así de sus sufrimientos. El dolor los llevó asimismo a buscar respuestas en las que encontrar alivio a su miedo, sus dudas y toda clase de desdichas. Con el tiempo y la evolución, se hicieron filósofos y teólogos para intentar explicar la situación, pero, invariablemente, la falsa personalidad nublaba su perspectiva, que acababa desencadenando interminables conflictos, persecuciones y guerras. La confusión reinaba por doquier hasta que unos pocos entre ellos – místicos, chamanes, *rishis*, maestros zen y sus adeptos–, por medio de la meditación profunda y la concentración interior, desvelaron el misterio. Cuando lo hicieron, se rieron a carcajadas, con lágrimas de júbilo rodándoles por el rostro.

El resto de la gente pensaba que estos seres iluminados estaban locos, pero no era así. Por primera vez en su vida, estaban cuerdos. Habían descubierto que la realidad con la que tanto se habían obsesionado no era más que un sueño, una compleja alucinación fruto de la amnesia combinada con las más arraigadas creencias en la limitación, el cautiverio y la separación. Al fin habían comprendido que nunca se habían separado del Gran Espíritu, puesto que era imposible. El Gran Espíritu estaba en todas partes todo el tiempo, totalmente a su alcance gracias a la conexión cuántica del ADN que habían creado. Por tanto, solo estaban soñando que habían abandonado la creación para explorar el pensamiento interesante pero imposible de la «separación». Estupefactos, comprendieron que nunca se habían separado del Espíritu. El dolor, la enfermedad, el odio, el miedo y la muerte que habían creído reales nunca lo fueron; la realidad era que llevaban tiempo dormidos y lo que estaban soñando se había vuelto desagradable. Ese carácter desagradable del sueño se debía al ego, la falsa personalidad que habían inventado para fingir que dominaban esta experiencia y la tenían bajo control como seres independientes del Espíritu, explotando las ilusiones gemelas del miedo y la separación.

Habían comprendido también que en lo más profundo de cada de uno de ellos había una chispa original del Gran Espíritu, una faceta del mismo diamante, un Chamán Interior. Y lo que es más, entendieron que esta esencia hacía de cada ser humano un aspecto del ser único e indivisible. Supieron que en definitiva no eran miniyoes separados y que había un solo y extraordinario hijo del Gran Espíritu. Muchos de los grandes avatares, como Jesús y Siddhartha Gautama (que se convertiría en el Buda), descubrieron esto, lo mismo que otra serie incontable de miniyoes que finalmente recordaron quiénes eran: hijos del Tao, de la consciencia de Cristo y del Buda. Este es el Yo Soy, el Chamán Interior al que te presento en este libro, el hijo único de la Fuente.

CONSECUENCIAS PARA EL CHAMÁN INTERIOR

Pero la historia no acaba aquí. Durante mucho tiempo, los miniyoes que descubrían la verdad del Chamán Interior eran ejecutados o perseguidos por los demás miniyoes por hacer peligrar el falso sueño; podían provocar que el barco empezara a hacer aguas, por así decirlo. Los iluminados tenían que vivir escondidos, o expresar sus enseñanzas en forma de poesía o camuflarlas en prosa para que no se detectaran sus intenciones. Muchos chamanes prescindieron por completo de la escritura y optaron por una transmisión oral de sus enseñanzas generación tras generación. Así fue entre los pueblos indígenas. Ocasionalmente algunos seres iluminados, como el maestro indio Patanjali, lograron poner sus enseñanzas por escrito y describir paso a paso cómo salir de la ilusión y liberar la verdad.

Queda aún otro aspecto de este relato. Los chamanes de las tribus indígenas de todo el mundo coinciden en una cuestión sorprendente. Desde los dogon del oeste de África hasta los aborígenes australianos, los maoríes de Nueva Zelanda, los hawaianos del Pacífico, los incas de Sudamérica y los mayas de América Central, tienen todos la creencia de que la vida humana llegó a la Tierra en forma de semilla desde uno de los planetas que orbitan alrededor de un sol de las Pléyades, conocidas también como las Siete Hermanas. Dicho de otro modo, creen que cuando un pueblo alcanza un nivel de evolución suficiente, sus chamanes se trasladan para ayudar a que otras formas de vida evolucionen y se encarnen en seres sintientes en nuevos lugares del universo. Creen por tanto que hay vida en todos los lugares de este universo físico, y que las almas avanzadas tienen una existencia en otros planetas para ayudar a quienes están al principio de su ciclo evolutivo en cualquier otro sitio. A través de sus sueños, los chamanes viajan a localidades existentes más allá de la Tierra y son capaces de describir con todo detalle las condiciones de esos lugares y a los seres que los habitan. Se refieren a ellas como «nación estrella» o «pueblo estrella». Los científicos se han quedado fascinados por que el pueblo dogon, que vive sin alcantarillado ni electricidad, haya calculado la distancia exacta que hay entre la Tierra y cuerpos celestes como el Sol y la Luna, así como hasta las Pléyades. Cuando se les ha preguntado cómo lo hacen, su respuesta ha sido sencillamente que van a esos lugares todo el tiempo.

A los chamanes se los conoce por su facultad para viajar a distintos mundos para recobrar conocimientos, realizar recuperaciones del alma, encontrar objetos perdidos, trazar mapas del universo y comunicarse con formas de vida de otras localidades. El ejército de Estados Unidos ha realizado estudios longitudinales sobre la visión remota (terminología moderna para referirse a una facultad chamánica antiquísima), la capacidad para ver detalles de las instalaciones militares en lugares a los que no tienen posibilidad de ir físicamente. Algunos militares retirados me han confiado que esos estudios han sido todo un éxito y que el ejército los utiliza de manera fiable.

Este tipo de investigaciones son en la actualidad del dominio público, y varios gobiernos del mundo han admitido haberlas llevado a cabo, entre ellos el de Rusia y Estados Unidos.

EJERCICIO: APRENDER A VIAJAR FUERA DEL CUERPO

Este es un ejercicio chamánico para desarrollar la facultad de salir del cuerpo a voluntad y realizar tareas específicas.

1. Túmbate o siéntate en una silla. Cierra los ojos y respira hondo varias veces. Ahora, despacio, cuenta de diez a uno, espirando con suavidad y relajando el abdomen.
2. Visualiza una de las esquinas de la habitación donde la pared se une con el techo, si estás dentro de casa. Si te encuentras en el exterior, selecciona una rama

alta de un árbol o un lugar preciso que esté justo encima de ti.

3. Imagina al instante que estás justo ahí mirando a tu alrededor desde esa perspectiva. Mira hacia abajo y ve tu cuerpo debajo de ti. Mira alrededor de la habitación o del terreno e identifica lo que ves desde ese ángulo.

4. Ahora, en un instante, regresa a tu cuerpo y date cuenta de cómo has entrado en él. ¿Por la cúspide de la cabeza? ¿Por el corazón? ¿Por el plexo solar?

5. Vuelve al lugar elevado en el que estabas y contempla tu cuerpo de nuevo. Mira a ver si eres capaz de percibir algo más que el cuerpo en sí..., quizá tu campo de energía, o el interior del cuerpo también. ¿Qué ves?

6. Ahora regresa y ocupa tu cuerpo otra vez.

7. Continúa haciendo esto, cambiando de elevación y de lugar, y cada vez que llegues mira a tu alrededor y examina lo que hay. Al principio, regresa siempre al cuerpo antes de pasar de un lugar a otro.

8. Al cabo de un tiempo puedes pasar directamente de un punto estratégico a otro sin regresar a la perspectiva habitual que tienes estando dentro de tu cuerpo. Tal vez quieras también probar a viajar a lugares más distantes poco a poco.

EJERCICIO: EXPANDIRSE PARA VIAJAR HASTA LOS
CONFINES DEL UNIVERSO

Este es un ejercicio formativo para ayudar a los chamanes a hacerse diestros en viajar por el universo a grandes distancias.

1. Túmbate o siéntate en una silla y ponte lo más cómodo posible. Cierra los ojos y siente la fuerza de gravedad en el cuerpo. Date cuenta de cómo tira de tus miembros y de tu cabeza y te mantiene asentado con firmeza en el suelo o en la silla. Si esa fuerza no existiera, flotarías sin más. Puedes tener la seguridad de que esa gravedad mantendrá tu cuerpo en el lugar exacto donde está mientras tú viajas. Te hallas totalmente a salvo donde estás. Pero date cuenta también de que tu imaginación no está confinada por la gravedad. Eres libre de ir adonde desees.

2. Ahora centra la atención en el corazón e imagina que este es el principio de tu viaje. Imagina que el corazón está lleno de luz y que esta intensa luz dorada empieza a expandirse, y tú con ella. Se irradia hacia el exterior hasta llenar el cuerpo entero y luego sigue irradiándose fuera de él hasta inundar por completo tu huevo luminoso.

3. Rápidamente llena la habitación entera o el espacio donde estás. Esta intensa luz dorada sigue expandiéndose hasta abarcar el edificio entero, luego la totalidad del vecindario, el pueblo o la ciudad enteros, y continúa expandiéndose hacia fuera hasta englobar toda la provincia, la región y la parte del país en la que estás.

4. Sin detenerse, esta intensa luz dorada se irradia a todo el país, luego cruza las fronteras, y entra en los países adyacentes y los llena. Te extiendes más allá de las líneas de costa y ocupas los océanos y luego el resto de los continentes, llenando con rapidez el

mundo entero. La luz se expande hacia arriba hasta entrar en la atmósfera y llega luego hasta los límites del espacio.

5. Sigue expandiéndose, hacia la Luna y los demás planetas y hacia el Sol, hasta traspasar el sistema solar. Rápidamente cruza el espacio hasta entrar en los sistemas planetarios adyacentes con sus soles, y atraviesa la Vía Láctea.

6. Después de llenar por completo la Vía Láctea, esta intensa luz dorada se extiende en todas direcciones hacia otras galaxias, las envuelve y sigue avanzando hacia los confines del espacio. Llega un momento en que se encuentra con regiones inimaginables al borde del espacio y las traspasa, avanzando hacia regiones de las que no tienes conocimiento, y más allá de ellas hasta regiones ilimitadas.

7. Y ahora, inspira prolongada y profundamente. Eres inmenso, más grande que nada que puedas imaginar. Es hora de regresar. Llama a tu luz y dirígela en sentido inverso. Empiezas a contraerte hacia tu interior.

8. La luz va retrocediendo a través de las regiones ilimitadas, de miles de millones de galaxias, de los lejanos confines del espacio, dirigida hacia tu galaxia, la Vía Láctea.

9. Retrocede, y va reduciéndose desde la galaxia entera hasta un diminuto sistema planetario situado en uno de los brazos de la galaxia. De repente estás de vuelta en este sistema solar y, encogiéndote con rapidez, pasas por los planetas, por el Sol, por la Luna,

y entras en la atmósfera de esta preciosa Tierra azul verdosa.

10. Desciendes atravesando la atmósfera hasta llegar a la tierra y los océanos, y empiezas a retroceder a través de los continentes y las grandes masas de agua, cruzando las naciones y las fronteras hacia tu país, tu región, tu vecindario, tu casa y, finalmente, la habitación o el jardín y ese cuerpo tuyo que está sentado en una silla o tumbado en el suelo...

11. Y regresas a tu campo de energía, vuelves a entrar en tu cuerpo y a sentir tu centro en el corazón. Estás sano y salvo, de vuelta en casa, por el momento.

12. Relájate y respira hondo lentamente. Mueve los dedos de los pies y de las manos. Da gracias a la gravedad por conservar tu cuerpo en posición estable; abre los ojos, y has retornado a este lado del sueño que has tenido. Hecho.

Hazlo con frecuencia, y verás que cada vez tienes más facilidad para viajar fuera del cuerpo a lugares remotos.

Hoy en día, únicamente los científicos occidentales tienen dudas sobre cuál es nuestro estatus en el cosmos. Desde un punto de vista chamánico, la cuestión de si los seres humanos estamos solos en el universo encontró respuesta hace mucho tiempo: existe vida sintiente en innumerables galaxias de un extremo a otro del universo. Después de todo, ¿por qué iban a haber elegido los miniyoes ocupar solo un diminuto planeta situado en las afueras de una galaxia relativamente pequeña de entre todos los miles de millones de galaxias? La respuesta es sencillamente que no lo hicieron.

6

Cómo localizar al
CHAMÁN INTERIOR
DENTRO DE TI

Lo cierto, como ya has visto, es que el Chamán Interior no tiene una ubicación exacta, pues, como las partículas del campo cuántico, puede estar en todas las partes del universo al mismo tiempo. Desde una perspectiva chamánica, dentro del escenario de nuestro sueño creemos ser humanos y vivir en la Tierra a principios del siglo XXI. Recuerda que los chamanes creen que por consenso estamos soñando esta realidad y que no es ni mucho menos lo sólida o estable que imaginamos. Los físicos modernos han empezado a corroborar estas percepciones chamánicas. La serie de creencias sobre en qué año estamos y qué planeta es este forman el marco o escenario actual para el «punto de encaje», término chamánico con el que se denomina al principio organizador que «ensambla» toda la información contenida en nuestro ADN cuántico y nos da una identidad temporal, semejante al papel que un actor representa en una obra. No olvides que los chamanes no consideran que esta obra a la que llamamos «ser humanos» sea la única realidad, sino solo una de entre muchas probabilidades. Para el chamán, este es un estado temporal que nos permite tener experiencias físicas y aprender una serie de lecciones. Se trata de un sueño de apariencia muy real que es flexible y puede cambiar para adaptarse a nuestras necesidades. Por poner un ejemplo sencillo, acuérdate de algún momento en que perdieras las llaves del coche y las buscaras por todas partes: quizá registraste el coche a conciencia o rebuscaste en el bolso una y otra vez. Al cabo de un rato, volviste y estaban ahí mismo, a la vista, en un sitio donde las habías buscado repetidamente.

Dado que en nuestra experiencia sentimos que vivimos dentro de este cuerpo humano, resulta práctico situar al Chamán Interior en el lugar más accesible, el más cercano, que, como expliqué en el capítulo 1, es el centro exacto del pecho, entre la parte superior e inferior, entre el pecho y la espalda, entre la izquierda y la derecha, rodeado de los pulmones. Por eso se relaciona la respiración con el Espíritu en tantas tradiciones espirituales. Como recordarás de lo que te expliqué en el capítulo 3, el portal al Mundo del Espíritu, que reside en nuestro interior, está en la válvula sinoatrial del corazón.

La mejor manera, por tanto, de establecer contacto con el Chamán Interior es centrando la atención en el corazón físico. Adelante, cierra los ojos un momento, inspira hondo y déjate descender por dentro del cuerpo hasta el pecho. Siente el corazón que allí reside, dentro de la caja torácica, justo detrás y a la izquierda del esternón. Busca la parte del corazón en que percibas un sentimiento especial, y este será a partir de ahora tu santuario.

Acuérdate de que todos los grandes caminos místicos hablan del corazón como el sitio de poder y el lugar clave para el despertar..., no del encéfalo, o del cerebro en conjunto. Nos enseñan que el camino a Dios es el camino del corazón. Los q'eros «recorren el camino del corazón», lo mismo que los mayas y que los dine (navajo) o que los maoríes. La lista es muy larga. Recuerda que el cristianismo místico muestra a Jesús, su madre María y otros santos señalando a sus corazones como la clave de las enseñanzas cristianas. Los católicos se refieren a ese punto interior como el Sagrado Corazón, y se representa en las esculturas y pinturas de las catedrales e iglesias de todo el mundo. La sinergia de estas enseñanzas no es accidental. Cuando apuntan al corazón como origen del camino, lo hacen en sentido literal.

Ten en cuenta que los chamanes conocían la importancia del camino del corazón mucho antes de que se iniciaran el cristianismo, el islamismo o cualquiera de las grandes religiones del mundo. Esto da a entender que lo que es verdad no se pierde nunca, sino que se redescubre una y otra vez en el tiempo. Desde que el ser humano ha tenido corazón, sea como sea ha sabido el poder que entraña.

EL PODER DEL CORAZÓN HUMANO

Tu corazón tiene un campo magnético muy potente, mucho más fuerte que el de tu cerebro. Según los estudios dirigidos por el doctor Rollin McCraty, director de investigaciones del Instituto HeartMath, el campo electromagnético que genera el corazón tiene una potencia quinientas veces mayor que el que genera el cerebro; de hecho, es el campo electromagnético rítmico más fuerte del cuerpo y se puede detectar con instrumentos situados a uno o dos metros de distancia del organismo. McCraty y sus colaboradores consideran que este campo actúa como onda portadora de información procedente del corazón, o, dicho de otro modo, como señal sincronizadora para el cuerpo entero, informándolo a un nivel electromagnético justo por debajo del nivel consciente. Además, han descubierto que el corazón tiene un efecto directo sobre la amígdala, uno de los centros de procesamiento de las emociones más importantes del cerebro. La amígdala está asociada con las respuestas de lucha o huida, pero lo que la mayoría de la gente no sabe es que también guarda íntima relación con la experiencia de éxtasis. De modo que ahora tenemos evidencia científica de que el corazón –no solo el cerebro– puede estimular la experiencia extática; y lo que es más, los científicos han empezado a comprender que participa asimismo directamente en el proceso intuitivo. Los datos apuntan a que tanto el corazón como el cerebro son capaces de recibir información sobre sucesos futuros antes de que ocurran, pero el primero la recibe antes.

Tanto es así que se ha reclasificado al corazón como glándula endocrina tras descubrir que segrega una hormona particular llamada FNA (factor natriurético atrial), que afecta a las glándulas suprarrenales, los vasos sanguíneos, los riñones y extensas partes del sistema regulador del cerebro. El corazón segrega también oxitocina –la llamada «hormona del amor», relacionada con el parto, la cognición, la adaptación, la tolerancia, los vínculos afectivos y complejas actividades sexuales y maternales–. Y por último, se ha demostrado que el corazón influye en las funciones corticales del cerebro a través de los conductos de información neuronales. Cuando el ritmo cardíaco describe un patrón coherente, la persona tiene sentimientos positivos, claridad mental, una mayor creatividad y mejora su capacidad para tomar decisiones.

Tu corazón se asemeja al Sol en cuanto a que irradia luz y energía por todo el cuerpo y más allá de él, y energéticamente atrae hacia sí lo que necesitas. Y de acuerdo con muchas tradiciones místicas, es el puente entre el Sol y la Tierra, pues se comunica con ambos y te ayuda así, por una parte, a ser coherente como organismo biológico y, por otra, a estar en sintonía con tu entorno.

No cabe duda de que tu corazón es el centro, el sitio clave de poder que hay en tu cuerpo y tu camino a las inefables riquezas del Chamán Interior. Entenderás por tanto lo fundamental que es estar en comunicación con el corazón y mantenerlo metafóricamente abierto y accesible. Esto se traduce en un corazón sano. Si tienes cerrado el corazón, te costará tener salud y ser coherente como ser humano —lo cual es causa de enfermedad, ansiedad y desesperación—. Más de medio millón de estadounidenses mueren de enfermedades cardíacas cada año. En Estados Unidos, los ataques al corazón son la causa principal de muerte tanto en hombres como en mujeres —se debe a ellos uno de cada cuatro fallecimientos—. Aproximadamente 715.000 estadounidenses tienen un ataque cardíaco cada año, y el coste de esto ronda los 109.000 millones de dólares. Se podría pensar que la magnitud que ha alcanzado esta enfermedad es consecuencia de la dieta, pero es mucho más que eso. El índice internacional de sostenibilidad y bienestar, un estudio relativamente nuevo, sitúa a Estados Unidos en la categoría más baja en lo que a felicidad se refiere. A pesar de las libertades de que gozan y de su alto nivel de vida, los estadounidenses no son gente feliz en comparación con sus semejantes del resto del mundo. Y los datos relativos a la salud así lo reflejan.

EJERCICIO: IRRADIAR LUZ DESDE EL CORAZÓN

1. Dedica un momento ahora mismo a prestar atención al corazón. Siente su calidez y las sensaciones de vitalidad que palpitan en él.
2. Permítete sentir gratitud por los regalos que la vida te ha dado, todo aquello que valoras de verdad sobre tu vida. Tómate el tiempo que necesites.
3. Ahora imagina que tu corazón se va llenando desde dentro de una sublime luz dorada. Imagina que esa luz se hace cada vez más resplandeciente, que brilla como el sol. Ahora tu corazón resplandece con tal fulgor que quizá te cueste mirarlo, como te ocurre con el sol.
4. Nota cómo el sentimiento de tu corazón se intensifica y la luz se expande hacia los miles de billones de células del cuerpo, nutriéndolas y tonificándolas, colmándolas de lo que tanto necesitan: luz dorada. Siente cómo las equilibra, las refina, las sana, las vivifica y las renueva.
5. Cuando el cuerpo se haya llenado por completo de luz, deja que ese resplandor se irradie hacia el exterior a través de los poros hasta llenar completamente el huevo luminoso que te rodea y expandirse más allá de él.
6. La habitación o el espacio enteros se llenan de luz dorada. Presta atención a las más ligeras señales de

cambio que empieces a experimentar. ¿Qué sientes? ¿Qué sensaciones tienes? ¿Cómo influye esto en tu perspectiva y percepción?

7. Ahora haz que retroceda toda esta luz hasta recogerla dentro de la piel e imagina que cierras los poros y la guardas dentro de ti.

Estos son los dominios del Chamán Interior.

¿QUÉ ASPECTO TIENE EL CHAMÁN INTERIOR?

Has visto ya que el Chamán Interior mantiene una vigilia constante dentro del espacio de tu corazón, pero ¿qué aspecto tiene el Chamán Interior a los ojos de tu mente? Como verás muy pronto, su apariencia puede ser la de casi cualquier cosa, pero no está de más tener una idea del aspecto que tienen los chamanes en el mundo real. En la actualidad, la mayoría de los chamanes visten al estilo occidental a menos que estén realizando un ritual o ceremonia. Esto se debe a que casi todos tienen trabajos ordinarios además de proporcionar servicio chamánico a su comunidad. Pueden ser pescadores o agricultores, trabajar en la compañía de ferrocarriles o en la estafeta de correos, conducir un taxi, cuidar niños, dar clases en un colegio o cocinar en un restaurante. He conocido a chamanes que tenían trabajos habituales de todo tipo. Pero centrémonos ahora en cuál es su aspecto cuando desempeñan el trabajo de chamán.

Mi instructor Guadalupe era un huichol de México, y normalmente vestía su atuendo nativo cuando realizaba cualquier clase de trabajo ceremonial, incluidas las sanaciones. Consistía en una camisa ligera de algodón, un pañuelo de colores al cuello y pantalones, blancos al igual que la camisa y ambos profusamente bordados con hilos de colores que representaban dibujos de ciervos, maíz, relámpagos y otros símbolos. Llevaba además un sombrero de ala ancha, adornado con un gran símbolo del peyote hecho de lana y varias plumas de buitre insertadas en la cinta. Alrededor del ala colgaban gran número de pequeños triángulos que se agitaban con cada movimiento. En los pies morenos y curtidos, llevaba sandalias azules y blancas sin calcetines. Su vestimenta indígena era preciosa y llamaba la atención allí adonde iba en Estados Unidos. Las mujeres huicholes visten faldas y blusas de vivos colores y un pañuelo en la cabeza.

Por otro lado, mis profesores shipibo varones, de la selva del Amazonas, visten una túnica de algodón cubierta de intrincados dibujos bordados, que representan estructuras musicales como símbolo de protección, mientras realizan las ceremonias. Las mujeres chamanes emplean blusas de vivos colores y una corta falda cruzada con dibujos similares a los de las túnicas de los hombres. Durante la ceremonia, ambos llevan alrededor de la cabeza una ancha cinta, profusamente bordada también, de la que cuelgan abalorios y con frecuencia asoman en la parte delantera una o tres plumas de guacamayo. Casi siempre llevan además una maraca rellena de semillas y decorada de forma parecida a la de la vestimenta.

Los chamanes andinos suelen vestir un poncho de lana y un gorro, del mismo material, con orejeras para protegerse del frío constante. A veces, como en el caso de los q'eros, la lana está decorada con abalorios y otros adornos colgantes. Les gusta asimismo llevar pantalones cortos, justo hasta debajo de la rodilla. Las mujeres visten varias capas de amplias faldas y jerséis de lana. Se cubren la cabeza con gorros de gran colorido y de forma muy diversa, dependiendo de la tribu.

Los clásicos chamanes siberianos o nepaleses, por el entorno gélido en el que viven, se cubren con pieles de reno, y se adornan con muchos collares y también sartas de campanillas que tintinean con sus movimientos. Suelen llevar una máscara que les cuelga sobre los ojos, oscureciéndoles la visión. He visto llevar estas mismas máscaras a los chamanes de la tribu pomo de indígenas de California, aunque estos tienden a vestir túnicas hechas enteramente de plumas de pavo o de gavilán colirrojo.

En los climas muy cálidos, como el del desierto del Kalahari, en África, los chamanes suelen llevar muy poca ropa, simplemente un taparrabos y poco más. La mayoría de los chamanes indígenas norteamericanos con los que he trabajado visten una camisa o blusa de distintos colores y pantalón vaquero, y los hombres a menudo llevan botas vaqueras de cuero, aunque también he visto calzar tanto a hombres como a mujeres mocasines adornados con abalorios. Con frecuencia se cubren con una manta o manto ceremonial de lana de colores y dibujos que tengan para ellos significado. Durante la ceremonia, llevan abanicos hechos de plumas de águila, halcón o guacamayo. También ellos usan sonajeros, y tambores a veces muy grandes, pensados para que mucha gente pueda tocar a la vez, como en los *powwow* y danzas del sol.[1]

También tu Chamán Interior puede adoptar una diversidad de aspectos. Vamos a hablar un poco sobre cómo *ver*, antes de hacer el siguiente ejercicio para conocer al Chamán Interior que hay en nuestro interior.

1. *Powwow*: reunión de pueblos indígenas de Norteamérica. (N. de la T.)

EL ARTE DE LA VISIÓN INTERIOR

Ahora que sabes del poder y la importancia que tiene el corazón tanto desde una perspectiva médica occidental como desde la perspectiva chamánica, vamos a enlazarlo con otra importante sede de consciencia, el tercer ojo, el punto que hay justo encima de la nariz y entre las cejas. Al entender de los chamanes, los dos puntos de «ver» más importantes son el corazón y la frente, que trabajan juntos para un «conocer» óptimo. Si somos capaces de poner la atención en estos dos sitios simultáneamente, el ritmo al que se desarrollarán nuestras facultades chamánicas se acelerará sobremanera. Recuerda que a los chamanes se los conoce por tener los pies uno en cada mundo simultáneamente; este es un buen ejemplo de cómo lo hacen.

Tanto el corazón como el tercer ojo están relacionados con la inspiración, la capacidad de elevarnos a frecuencias más altas de percepción y comprensión. Sin la participación activa de estos centros, es difícil percibir nada aparte de la apariencia superficial de un mundo muy convencional. Es un poco como ver solo la pintura y el acabado al mirar un coche de segunda mano que estás pensando en comprar. No te dirá mucho sobre lo que hay en el interior, y sería una forma absurda de tratar de tomar una decisión; es probable que acabes con un coche que en cuanto a mecánica deje mucho que desear. Abrir y ahondar la visión te permite penetrar bajo la apariencia de las cosas y ser gracias a ello mucho más eficiente en tu vida cotidiana. Es una facultad que puedes desarrollar con la práctica, puesto que todos los seres humanos nacemos con los elementos necesarios para ver por debajo de la superficie.

EJERCICIO: VER DESDE EL CORAZÓN Y EL TERCER OJO

Ahora vamos a cultivar el arte de la visión o percepción interior, la facultad de percibir dimensiones que no se ven a simple vista ni oye el oído externo. Lo más sencillo es que te concentres en el espacio que hay justo detrás del puente de la nariz y entre las cejas, entre cinco y siete centímetros hacia el interior del cráneo. Los chamanes taoístas han denominado *yintang* o Flor de Loto a este lugar, que permite parar el tiempo, estar en un remanso de paz y silencio.

1. Imagina que hay en el *yintang* un pequeño cuarto donde puedes sentarte en una butaca a contemplar lo que quieras. Dedica varios minutos a relajarte y respirar a ritmo uniforme, sin pensar en nada en particular. Con cada espiración, relaja el cuerpo más profundamente; esto cambiará el estado del cerebro y te llevará de las ondas beta u ondas cerebrales ordinarias a las ondas cerebrales alfa o theta, altamente conducentes a ver, oír y sentir los estados interiores.

2. Cuando estés preparado, haz descender la atención hacia el corazón. Quizá sientas como si realmente cayeras, y te percibieras desde ese nivel del cuerpo.

3. A continuación, en el espacio del corazón físico, imagina un pequeño cuarto y, en medio de ese cuarto, ve, nota o siente un asiento especial, un sillón o trono de chamán, como los que los chamanes de todo el mundo usan para realizar sanaciones o ceremonias. Si lo prefieres, el asiento puede ser un simple cojín, como los que usan los maestros zen para la meditación profunda.

4. Sentado en ese asiento, imagina, capta o siente una imponente figura radiante, el Chamán Interior, que resplandece con una cristalina luz dorada. Esa figura, femenina o masculina, puede estar vestida al estilo indígena de los chamanes de cualquiera de las diversas tradiciones.

- Su cabeza estará probablemente rodeada de una cinta ancha, muy decorada con abalorios, que da fuerza y claridad a la mente y ofrece protección. Puede que asomen de ella plumas de águila, halcón o guacamayo. O quizá lleve un tocado con otro tipo de ornamentos, por ejemplo una corona o una tiara. Es posible que de ella cuelguen tiras de tela o de cuero, o abalorios, sobre la cara.

- Puede que vista una túnica, un *kushma* (túnica de los shipibo con estructuras musicales bordadas), pieles, un manto o un poncho, o que lleve el torso desnudo. Quizá la túnica o el manto tengan artísticos bordados de dibujos simbólicos y representaciones de oraciones y cantos.

- La parte inferior de su cuerpo podría estar enfundada en unos leotardos, cubierta por la túnica o al desnudo, con solo un taparrabos, como en el caso de los chamanes de los trópicos y zonas ecuatoriales.

- Tal vez tenga tatuajes, collares, pendientes, anillos, brazaletes o tobilleras. En los pies puede que lleve mocasines, botas o sandalias, o que vaya descalzo. Quizá sostenga un bastón, una vara de sanación, un sonajero o maraca, un tambor, un cetro, un cristal de roca, un abanico de plumas, un estandarte o una sola pluma adornada con abalorios.

- En algunos casos adoptará la forma de una conocida deidad o figura divina que para ti sea relevante, como Quan Yin, Isis, la Virgen María, la Virgen de Guadalupe, Jesús, el Buda, Yogananda, Ganesh, Viracocha o Krishna. Puede que tenga el aspecto de Mickey Mouse, un superhéroe, Merlín, Glinda —la bruja buena de *El Mago de Oz*—, Wonder Woman, la diosa Kali o quizá un animal tótem. No le des demasiada importancia a la forma en que aparezca, o a si la figura cambia con el tiempo. Las características externas son mucho menos relevantes que el impacto que tenga en ti. En otras palabras, no te apegues a la forma; valora la presencia en sí, disfruta de ella, y estate agradecido por tener un aliado de poder tan colosal todo lo cerca de ti que nadie podría estar jamás.

- La figura que ves o sientes dentro de ti es tu Chamán Interior. Es posible que tenga los ojos cerrados en profunda meditación o abiertos, revelando profundidad, experiencia, amor incondicional y sabiduría. Serán claros y penetrantes pero no intimidadores; habrá en ellos humor además de compasión.

- Ocasionalmente puede que te encuentres al Chamán Interior no sentado sino bailando, tocando el tambor o la maraca, de pie, con los brazos extendidos dando bendiciones, ejecutando *mudras* (posiciones de las manos), haciendo un ofrecimiento o cantando. Cualquier cosa es posible; no juzgues lo que aparezca. Con un poco de experiencia, tal vez empieces a entender lo que trata de comunicarte con las diversas maneras en que aparece. En mi experiencia, cualquier matiz del Chamán Interior tiene un significado.

5. Expresa mentalmente con palabras tu agradecimiento al Chamán Interior por la vigilancia constante que mantiene dentro de ti, por considerarte tan importante que ha elegido estar contigo cada segundo del día y de la noche durante toda tu vida.

LA LUZ DEL CHAMÁN INTERIOR

Sea cual sea la forma en que se te aparezca el Chamán Interior, el elemento clave es la luz. La luz que irradia es tan bella, clara, cristalina y refulgente que quizá te cueste mirarla. Tal vez veas que la figura del Chamán Interior se disuelve en pura luz y ya no seas capaz de discernirlo. Para los chamanes, la luz es la forma más verdadera de todo cuanto existe en el mundo físico, incluidos los seres humanos. Dicen que en el nivel más fundamental, todo es luz. Lo cierto es que el Mundo del Espíritu rebosa de luz, y por tanto, como es natural, a medida que penetramos en los niveles más profundos de la realidad, todas las formas se disuelven en luz pura.

Tal vez descubras que el Chamán Interior parece más un luminoso diamante, un cristal de cuarzo o una piedra preciosa llenos de luz. Tal percepción no solo es de gran belleza sino también bastante común, y señal de que estás percibiendo el nivel profundo que yace bajo la realidad superficial. Sea cual sea tu caso, acepta lo que quiera que experimentes y considéralo auténticamente bueno.

Además del aspecto visible del Chamán Interior, quizá notes también un extraordinario calor u hormigueo en el pecho, una sensación gozosa y radiante que es a la vez fuerte y expansiva. Disfruta de ella al máximo. En contadas ocasiones, es posible que sientas cierto temor, e incluso creas que estás teniendo palpitaciones que podrían provocarte un ataque al corazón. No hagas caso de esos miedos, ya que son una manera de oposición a que se acelere tu avance hacia el poder interior. Al ego, la falsa personalidad, no le gusta que prestes atención al Chamán Interior y siempre intentará distraerte con pensamientos que te saquen de la experiencia. Si persisten estas preocupaciones ocasionales, céntrate durante un rato en la respiración. Al inspirar, piensa en la palabra «aceptar»; al espirar a través de la cúspide de la cabeza y los hombros, piensa en la palabra «soltar». Así harás desaparecer cualquier clase de resistencia que se interponga y podrás regresar a contemplar al Chamán Interior. Hazlo el tiempo que necesites. Otro método para tratar con la resistencia es mirar de frente durante un momento al pensamiento que te distrae y decirle mentalmente con firmeza: «No tienes ningún poder sobre mí». Verás que casi al instante desaparece.

También es posible que te encuentres con tu escéptico interior, y que te oigas decirte a ti mismo por ejemplo: «Bueno, todo esto es pura imaginación. Me lo estoy inventando. En realidad no existe ningún Chamán Interior. Es todo una patraña». Te contestaría en ese caso que por un lado tienes razón, y por otro estás muy equivocado. Claro que estás usando la imaginación; ese es el vehículo principal para percibir estados y experiencias interiores extraordinarios. Es la misma imaginación que empleas para traer a la mente cualquier recuerdo. Tenemos que utilizar la herramienta adecuada para cada trabajo, y en este caso esa herramienta es la imaginación. ¿De qué otra manera podrías percibir al Chamán Interior?... ¿Con la lógica? No es una cuestión lógica, luego la lógica aquí no te serviría. En cuanto a que es invención tuya..., todo lo que experimentas y percibes es una invención, incluida la silla en la que estás sentado. Tú crees que hay una realidad objetiva, pero no es así. Como quizá recuerdes, decía en un capítulo anterior que eso es lo que nos cuenta la física cuántica; y es lo que todos los místicos han dicho y dicen también. La silla en la que estás sentado apenas si tiene consistencia: está hecha de partículas que por un instante tienen forma y al instante siguiente la pierden, es el resultado de la creencia consensuada de que está donde está, pero eso no significa que sea una patraña. Descubrirás que el Chamán Interior es tal vez lo más real que hay en tu universo, ya que es la regia puerta a la realidad verdadera, no a ese mundo externo que creemos que es la realidad.

Y esto nos lleva a una de las enseñanzas chamánicas fundamentales: nunca te fíes de las apariencias. Las apariencias nos mienten demasiado a menudo. La forma que adopte el Chamán Interior es simbólica. En realidad, no tiene forma objetiva; es un estado de consciencia, un estado de percepción y consciencia puras. Recuerda que los símbolos son el lenguaje del Mundo del Espíritu, lo que muchos llaman «el subconsciente» y otros, «los reinos superiores». No confundas el símbolo con lo real.

7

LO QUE LOS CHAMANES
SABEN SOBRE LA MENTE

os psicólogos y los científicos sociales saben que el condicionamiento y los patrones de conducta marcan las pautas de funcionamiento de la mente observable. Los pensamientos que tenemos están hasta cierto punto programados; operan de acuerdo con una dinámica de estímulo-respuesta. Los chamanes siempre han sido perspicaces psicólogos y asesores, pues la comprensión que han alcanzado de sí mismos y de los demás les permite ser de gran ayuda. A lo largo del tiempo, han ahondado en las tácticas que emplean los seres humanos para negar la evidencia, para crear ilusiones, delirios, mecanismos de supervivencia emocional, proyecciones, recompensas y sistemas de refuerzo. Pero los chamanes van más allá del ámbito que abarca la psicología actual, pues han derribado los muros de contención de sus mentes al descubrir su cualidad artificial.

A su modo de ver, los pensamientos son cosas, cosas en las que podemos enfocarnos y, con la intención, emitir para que se manifiesten de forma visible. Los chamanes dicen que en cualquier momento hay conjuntos de pensamientos agrupados por similitud (ya que, como en cualquier otro caso, lo semejante se atrae) que flotan en busca de un lugar que vibre en su misma frecuencia. Esos pensamientos los han generado miles de millones de individuos a lo largo de miles de generaciones y vagan a la espera de encontrar un hogar en el sistema de pensamiento de una persona viva. La mayoría de ellos los ha generado la falsa personalidad, el parásito que domina el escenario de este sueño que llamamos realidad; son pensamientos de separación, alienación, miedo, agresión, desdicha y otros por el estilo. Tienen el propósito de mantener dividida a la raza humana a cada paso, para que el sueño de ser el amo y señor, que es el sueño del parásito, siga prevaleciendo y pueda continuar así el sueño de un universo físico.

El pueblo shipibo del Alto Amazonas tiene mucho cuidado de identificar y eliminar, con tabaco y oraciones, aquellas formas de pensamiento errantes que puedan provenir de fuentes hostiles, incluso de otros chamanes que tengan la perversa intención de obstaculizar la eficacia de una ceremonia. En el Amazonas, donde los pobladores son pocos, es más fácil percibir los efectos de los pensamientos negativos que vagan alrededor. Muchos chamanes del mundo se han hecho expertos en extraer dardos mágicos, pequeños proyectiles que otros chamanes malignos lanzan con la firme intención de hacer daño a sus víctimas. A esta clase de chamanes, más conocidos como hechiceros, puede contratarlos un cliente para causar la enfermedad de un rival en un asunto amoroso o para vengarse de lo que ha entendido como una ofensa. Los chamanes negativos existen allí donde se practique el chamanismo, puesto que hay criminales en todas las profesiones, y sobre todo en aquellas que se prestan a los abusos de poder. La forma de entrenarse de estos chamanes peligrosos consiste en centrar la atención con fuerza en pequeñas ramas de lo alto de un árbol. Les envían pensamientos a modo de proyectil hasta que logran romper una con un pensamiento, una intención. Imagina lo que pueden llegar a hacerle a un cuerpo humano. Acaban siendo poderosos y temibles directores de las formas de pensamiento.

Los chamanes creen también que en el universo nada es una casualidad; todo ocurre por una razón. Las experiencias de nuestra infancia no son accidentales, ni lo son el padre y la madre que nos programaron con unas determinadas creencias, ni tampoco las circunstancias de nuestro nacimiento y primeros años de vida. De acuerdo con el pensamiento chamánico, nuestra esencia eligió esas circunstancias para aprender ciertas lecciones. El problema es que, con el tiempo, la falsa personalidad intenta manipular esas circunstancias a su favor, y, sometidos a esa influencia divisiva, permitimos que se nos programe de maneras que atraen hacia nosotros pensamientos y sentimientos que acaban creando y consolidando muros de contención en la mente. Y cuando eso sucede, o vivimos sometidos a las limitaciones de esas creencias y sufrimos terriblemente, o tomamos consciencia de los muros y decidimos encontrar el poder para derribarlos.

Estamos programados para creer que los acontecimientos tienen tal impacto en nosotros que nos hacen reaccionar con pensamientos y sentimientos. Algo nos entristece, algo nos irrita, algo nos pone nerviosos... Los chamanes saben que en realidad no hay nada en el exterior que provoque esas reacciones; son solo proyecciones de la mente. Lo que aparenta ser la realidad es de hecho una gran pantalla que nos refleja de vuelta lo que creemos que es verdad. Y lo que creemos, lo generan los pensamientos y sentimientos flotantes e intemporales de la falsa personalidad, el parásito..., pensamientos y sentimientos que hemos atraído a nosotros y que hemos escenificado, pensando que eran nuestros. Es inútil, por tanto, intentar cambiar nada manipulando los sucesos y objetos en el mundo proyectado. Es como intentar modificar el desenlace de una película poniendo la mano delante del proyector, cambiando de posición la pantalla o chillando a los actores. La única solución es mirar con mucha atención y deconstruir la operación entera con una observación perspicaz, sin juicios y completamente relajados y, en ese estado, pedirle ayuda al Espíritu.

Esto me recuerda una vez más el dicho chamánico: «Nunca te fíes de las apariencias». Nada es en realidad lo que parece. Para ser libres, debemos dirigir la mirada más allá de las apariencias, más allá de las suposiciones y de los prejuicios que crea aquello con lo que nos identificamos. Este es el método más eficaz para demoler los muros de contención que hay en la mente. Este es el método clásico de los chamanes, pero que con seriedad y atención puede utilizar cualquiera. Acuérdate de pedirle ayuda al Espíritu antes de hacer este ejercicio.

EJERCICIO: RECAPITULACIÓN: NO HACER, Y PARAR EL MUNDO

1. Toma cualquier suceso o circunstancia que te esté causando problemas o infelicidad. Repásalo con todo detalle. Puedes describirlo por escrito si quieres: «Primero ocurrió esto y a continuación me sentí

así y luego hice algo que le llevó a tal persona a hacer lo otro y después ocurrió aquello», etcétera. Sé concreto en los detalles. Expresa con claridad todas las causas y efectos que crees que son la razón del problema.

2. Date cuenta de los sentimientos que genera en ti este proceso. Asegúrate de que anotas los diversos sentimientos que parecen surgir en cada etapa del relato.

3. Examina esos sentimientos. No hagas nada al respecto. ¡No emprendas ninguna acción!, se trata solamente de observar. Céntrate en el primer sentimiento y déjate sentirlo exactamente como aparece, sin intentar escapar de él ni resistirte a él de ninguna manera, aunque sea eso lo que quieres hacer. Quédate con el sentimiento pero no lo magnifiques ni te recrees en él. No lo juzgues como bueno o como malo. Relaja el abdomen por completo. No reacciones; limítate a observar el sentimiento y las sensaciones corporales que lo acompañan.

Sé consciente de él y déjalo fluir sin tener otros pensamientos, porque es así como la mente escapa de sí misma: pasando de un sentimiento a un pensamiento y luego a otro y después a alguna acción. De esa forma el sentimiento nunca se experimenta de verdad, sino que se usa simplemente de trampolín para saltar a otros pensamientos, sentimientos y acciones; para cuando quieres darte cuenta, te encuentras en medio de un desastre colosal que ha creado la falsa personalidad. Y esto es a lo que llamamos vida.

4. Experimenta el sentimiento al máximo simplemente observándolo. Date cuenta de que, aunque parece tener relación con la causa que has identificado, en realidad tiene vida propia. No te hace falta una causa para tener un sentimiento.

5. Ahora contempla con más atención la posibilidad de que este sentimiento pudiera haber tenido como consecuencia el suceso que hasta ahora pensabas que lo había provocado. Es decir, el sentimiento ya estaba en ti, lo cual condujo a un suceso que lo verificó: la tristeza creó un suceso triste; la ira creó un suceso que tú creíste que te enfurecía. La confusión se produce cuando atribuimos el sentimiento a algo. Date cuenta de que el sentimiento ya estaba en ti, justo debajo del nivel consciente, pero no lo sentiste hasta que creó algo, viviste la experiencia y eso te hizo consciente de él. Si no hubieras tenido antes ese sentimiento, no habrías vivido ese suceso. Tu mente querrá rebatir esto con vehemencia. Ten paciencia y limítate a darle las gracias por comunicarte su punto de vista.

Si algo te enfurece, puedes estar seguro de que llevabas ya la ira en ti. Si algo te llena de ansiedad, ten la seguridad de que ya estabas ansioso antes. Si un coche está a punto de echarte de la carretera, esa no es la causa de tu ansiedad; es la manifestación de la ansiedad que ya había en ti. El sentimiento es mecánico y está programado. Proviene de tu impronta, de las experiencias, traumas y temores de los primeros años de vida, y de todo aquello que trajiste contigo a esta existencia, que está almacenado en tu centro instintivo, tu ADN, y que se ha tomado del inventario de emociones que el ego genera.

6. Al experimentar la emoción de lleno, poco a poco irá disminuyendo hasta desvanecerse. Eso significa que se ha borrado, y te has librado así de uno más de los impedimentos que obstaculizan tu camino a la libertad. Quizá, aunque te hayas liberado de este sentimiento ahora, haya otros momentos en que sientas ira, ansiedad o la emoción que sea; un proceso idéntico a este la eliminará. Lleva tiempo... Lo bueno es que la falsa personalidad, que es impaciente e indisciplinada, no querrá quedarse lo suficiente con el proceso.

El objetivo de este ejercicio es hacer que dejes de oponer resistencia a lo que sientes. Requiere práctica. Cuando la resistencia desaparece, los sentimientos que generan esa experiencia se desvanecen y eres libre.

Recuerda que el Chamán Interior no tiene como meta la satisfacción, ni experimenta tampoco emociones ordinarias; estas son todas ellas actividades de la falsa personalidad: racionalizaciones, proyecciones, negativas obstinadas... El Chamán Interior se ocupa prioritariamente de actividades más elevadas y centradas que conducen a la admiración, la alegría y la pura dicha. El ejercicio que acabo de explicar sirve para despejar tu organismo de los pensamientos y emociones ordinarios que lo abarrotan, para que la esencia pueda llenarlo de luz.

ENCONTRAR EL INFINITO MOMENTO DEL AHORA

Cuando hayas aprendido a separar tus sentimientos de lo que supones que los ha causado, cuando hayas aprendido a no oponer resistencia a tus sentimientos y a entregarte a lo que es, estarás preparado para estar más presente. Ahora vamos a centrarnos en el mejor método para encontrar el momento infinito del ahora, incluso mientras te mueves en lo que parece ser un tiempo lineal.

Como ahora sabes, al Chamán Interior, ignorado en buena medida durante siglos, puedes descubrirlo en el más obvio de los lugares, justo dentro de tu corazón. Aunque el Chamán Interior es libre de desplazarse por el universo, no es libre de tomar las riendas de tu vida física, porque respeta y honra tu libertad de elegir. La elección de tenerlo atrapado en su cueva del corazón, principalmente ignorado, y de permitir que el ego dirija tu vida acarrea siempre sufrimiento; no es la vía que conduce a la alegría y la satisfacción. Esto no significa que la elección sea mala, pues los chamanes no hacen un juicio moral de las elecciones y las catalogan de buenas o malas, sino simplemente de desafortunadas si tienen consecuencias desagradables. Sin embargo, liberar al Chamán Interior es algo que inevitablemente habrás de hacer tarde o temprano, ya que esa es la dirección en la que fluye el río del Tao. Todos los grandes maestros espirituales han dicho repetidamente que el propósito supremo de la vida es liberar la esencia que está atrapada y derrocar a la falsa personalidad de su posición de dominio sobre cada detalle de tu vida física. *Un curso de milagros* sintetiza maravillosamente esta enseñanza cuando indica: «No soy el cuerpo. Soy libre. Soy como Dios me creó». Otra forma de decirlo sería: «No soy el parásito. Soy el Chamán Interior y soy libre. Soy todo lo expansivo que el Espíritu originariamente me hizo. En realidad nada ha cambiado; todo sigue siendo conforme al plan original».

Como he dicho, liberar al Chamán Interior es dejar de identificarnos con el «yo» físico, concreto y limitado e identificarnos con «el contexto del yo». Esto significa lo siguiente: «Cuando estoy identificado con el yo concreto, soy una personita insignificante, sola contra el mundo y a merced de otros individuos, objetos, sucesos externos que me ocurren todos a mí. Cuando soy el contexto de todo ello, soy el extenso continente, el escenario que sostiene y abarca a los actores, la utilería, todo lo que sucede en ese escenario. Si soy el contexto, no ocurre nada que no sea yo. Los demás actores están dentro de mí; no pueden hacerme nada porque todos somos uno. Las calamidades a las que aparentemente me enfrento ocurren dentro de mí, no me ocurren *a* mí. Como contexto, tengo infinitamente más poder, soy infinitamente más compasivo y muchísimo más comprensivo». El Chamán Interior es la totalidad del contexto, es expansivo, indestructible y extraordinariamente sabio. Pero para aprovechar al máximo estas cualidades, hay que liberarlo de su pequeña cueva tenebrosa y sacarlo a la luz integradora y omnímoda.

La esencia se queda cautiva en la ilusión del tiempo. Con frecuencia nos lanzamos afanosamente a alucinar sobre el futuro o a recordar lo que consideramos que es el pasado, pero ni lo uno ni lo otro entrañan ningún poder. El poder está en el momento exacto del presente, un momento tan fugaz que no es tiempo. La falsa personalidad escapa por lo general al pasado y al futuro, e incluso cuando advierte el presente, se resiste a él por miedo. Como consecuencia, se produce una desconexión del Chamán Interior, que está siempre presente, en cualquier circunstancia, dejándose llevar por los diminutos e ilimitados momentos del ahora sin pensamiento ni preocupación

Solo el Chamán Interior es capaz de mantener una responsabilidad absoluta, de comprometerse, de estar presente. La falsa personalidad elude la responsabilidad y se enreda incorregiblemente en el sueño. La falsa personalidad se martiriza, es victimista, reaccionaria y totalmente irresponsable. No solo es incapaz de responder al momento presente, es incapaz también de darse cuenta de que es ella la que lleva las riendas del cuerpo. El resultado es un sufrimiento constante e irremediable.

Hace unos años, volvía de mi peregrinaje anual a la tierra de los huicholes, en el centro de México. Iba dormido en el asiento de detrás cuando el coche dio unos cuantos botes y se paró. Nos habíamos quedado sin gasolina en medio del desierto de Sonora. Decidimos que haría autoestop hasta el pueblo más cercano, que estaba a poco más de treinta kilómetros. Era la primera hora de la tarde y hacía calor, y yo llevaba puesto un pantalón corto, una camiseta y unas sandalias. Al instante me recogió un coche, que viajaba a toda velocidad. Llegué al pueblo en un momento, conseguí un bidón, compré cuatro litros de gasolina, volví a hacer dedo y un camión que iba hacia el norte me llevó de vuelta al sitio donde había dejado el coche y a mi familia.

Lo que yo no sabía era que, nada más irme, había parado un vehículo que les había dado un poco de gasolina, y habían salido disparados hacia el sur intentando alcanzarme por el camino. Cuando llegué al sitio donde los había dejado, el coche había desaparecido y no había nadie. El camionero se negó rotundamente a dejarme allí; decía que era muy peligroso que me quedara solo en medio del desierto, sobre todo con la cantidad de problemas de drogas que había. Así que ahora estaba lejos de mi familia viajando hacia el norte en un camión con destino desconocido. Tenía en el billetero alrededor de veinticinco dólares, y afortunadamente llevaba el pasaporte en el bolsillo. Aun con todo, empezó a apoderarse de mí un sentimiento de ansiedad y de miedo. Estaba muy preocupado por mi familia y por la angustia que sentirían al no encontrarme, y también por cómo iba a volver a casa, a Santa Fe. En aquel momento, era víctima del destino y todo aquello me estaba sucediendo a mí.

Unas horas después el camionero me dejó en la garita de control de pasaportes, a unos sesenta y cinco kilómetros de la frontera de Estados Unidos, pues él daba la vuelta allí. Ahora estaba solo, con el sol cada vez más bajo; empezaba a hacer frío y ningún coche me paraba. Empecé a llamar con los nudillos en las ventanillas de los coches que se detenían, pero nadie quería llevarme; debía de parecer un salvaje, sin afeitar, con los ojos enrojecidos y la ropa sucia y polvorienta. Buscaba sin cesar a mi familia, pero no aparecían. Al final conseguí que una pareja mexicana que viajaba con un bebé me acercara un poco más a la frontera, pero tuve que cruzar a pie y de noche Ciudad Juárez, famosa por sus cárteles de la droga.

Poco a poco empecé a serenarme y me di cuenta de que estaba teniendo una auténtica aventura que mi esencia había dispuesto a modo de prueba, o iniciación, para ver si reaccionaría como víctima o como dueño de mi destino. Comencé a sonreír y a relajarme al darme cuenta de que todos los personajes de aquella aventura eran partes de mí, y de que aquello no me estaba ocurriendo a mí, sino que estaba ocurriendo para mí. Estaría totalmente a salvo mientras supiera que lo estaba. Solo dejaría de estar a salvo si lo interpretaba todo como un enemigo.

Llegué a la frontera y la crucé. Compré una chaqueta impermeable de nailon que me abrigara un poco y un par de barritas energéticas, y llamé a casa para dejar un mensaje diciendo que estaba bien y que volvería a casa en autobús. Encontré la estación de autobuses y tenía el dinero justo para comprar un billete a Santa Fe, un viaje de cinco horas en mitad de la noche. Por el camino empezó a nevar, y sacudí la cabeza y volví a reír viendo caer los copos de nieve por la ventanilla. Cuando llegué a Santa Fe, mi familia me estaba esperando en la estación. También ellos habían tenido sus aventuras, pero esa es otra historia. A todos se nos puso a prueba hasta el límite; ninguno fuimos víctima de las circunstancias y todos superamos la prueba.

El miniyo puede quedarse atrapado en una pesadilla que él mismo genera cuando se siente desconectado, cuando la falsa personalidad no es capaz de funcionar adecuadamente en el sueño que creó. Tarde o temprano, todo el mundo descubre que la vida solo se puede transitar con éxito cuando el Chamán Interior lleva las riendas, y todo el mundo se resiste a escuchar el mensaje hasta que se ve obligado a aceptar que esa es la verdad. ¡Menuda artimaña! Como la falsa personalidad detesta rendirse, lo dispone todo para que el cuerpo acabe seriamente machacado con regularidad, y entre una vez y la siguiente le ofrece un poco de placer.

El Chamán Interior es sensible y receptivo porque está presente y consciente. Cuando eres consciente, no caes en el victimismo. Ves hacia dónde vas; puedes responsabilizarte de tu experiencia porque no te sientes separado de ella. A continuación te propongo un ejercicio estupendo y muy antiguo para que aprendas a estar totalmente presente. Recuerda que esta es la condición para que despierte el Chamán Interior.

EJERCICIO: APRENDER A DESLIZARTE CON LOS DIMINUTOS MOMENTOS DEL AHORA

Siéntate cómodamente sin cruzar los brazos ni las piernas. Date cuenta de lo que te rodea y de tu estado actual. Toma consciencia del momento presente tanto como puedas; pronto sentirás que te deslizas sobre él como si hicieras surf sobre una ola, pero puede que el momento presente todavía te resulte demasiado confuso por lo rápido que pasa. Así que divídelo en dos partes. ¿Sigue pareciéndote confuso? Vuelve a cortarlo por la mitad, y luego otra vez; continúa dividiendo el momento presente por la mitad hasta que sea extremadamente corto, tal vez como una millonésima de segundo, o más pequeño aún. Déjate llevar por ese diminutísimo momento del ahora.

Esto no es todavía de una eficacia máxima. Ten en cuenta que cuando te acercas a esos diminutos fragmentos del ahora, son ya un hecho consumado. No hay nada que esté en tu mano para modificarlos en ningún sentido; lo único que puedes hacer es entregarte a ellos, porque pasan tan rápido que no puedes detenerlos y cambiarlos. Son, en una palabra, inevitables. Cuando vives en esta corriente siempre presente de diminutos puntos del ahora, solo puedes aceptar la inevitabilidad de lo que está sucediendo. Puedes resistirte todo lo que quieras, pero eso no va a cambiar absolutamente nada; lo único que consigues al oponer resistencia es convertir el momento presente en una experiencia negativa, que puede definirse como sufrimiento. Los puntos del ahora son tan breves que se asemejan a una serie de instantáneas. No pasa absolutamente nada. No hay nada que hacer con esas instantáneas. Son inalterables, igual que los miles de fotogramas que forman una película. Relájate, entrégate y disfruta de la vista.

Te sugiero que lo practiques a menudo, durante períodos de uno, dos o cinco minutos. Vete aumentando el tiempo hasta llegar a secuencias de puntos del ahora más largas. Puedes hacerlo varias veces al día. Cuanto más lo practiques, más despertarás al Chamán Interior y más iluminado estarás.

8

CÓMO DERRIBAR LOS MUROS DE CONTENCIÓN DE LA MENTE

Los muros de contención de la mente no son sino fuertes sistemas de creencias que por consenso mantenemos en pie desde tiempo inmemorial. Dichos sistemas de pensamiento están compuestos por el condicionamiento social, cultural y familiar, que es la base de lo que creemos acerca de nuestro mundo. Habitualmente estos sistemas de pensamiento ejercen un control sobre nosotros a fin de que nos comportemos de acuerdo con las expectativas de los que están a nuestro alrededor. La mayoría estamos programados para comportarnos de un modo que les permita a otros controlarnos, o al menos de un modo que les permita sentirse cómodos estando con nosotros. Estos sistemas de pensamiento generan emociones que nos llevan a elegir y tomar decisiones; las decisiones que tomamos nos llevan a emprender acciones, y esas acciones generan unas consecuencias que normalmente refuerzan nuestro sistema de pensamiento condicionado. De esta manera, los muros de contención de la mente se van fortaleciendo con el tiempo, hasta que nos decidimos a desmantelarlos.

Vamos a suponer que has crecido en un pueblo siendo una niña de clase trabajadora. A edad muy temprana aprendes que perteneces a un nivel social bajo y que no está dentro de tus posibilidades prosperar económicamente de la forma en que lo haría alguien que perteneciera a la flor y nata de la sociedad. Aunque en el instituto sacas buenas notas, no solicitas una beca para estudiar en la universidad porque no te consideras lo bastante importante ni crees que puedas triunfar en la vida. Esta actitud tuya no provoca comentarios ni malestar en tu familia, ya que estás cumpliendo las expectativas de vuestra subcultura. La elección de dedicarte a un trabajo de baja categoría te lleva a hacer nuevas elecciones que te mantienen limitada, atascada en la vida y sin demasiadas perspectivas. De este modo, la cultura en la que vives te retiene en tu posición humilde y tú no haces nada por romper la tendencia generacional.

Estos sistemas de pensamiento perduran porque no se examinan, lo cual significa que las creencias más ancestrales y dominantes son aquellas que perviven en nosotros por debajo del nivel consciente. Todos llevamos en el subconsciente miles de creencias programadas como estas, y el objetivo de casi todas es limitar, del infinito volumen de conocimientos que hay el universo, la cantidad a la que se le permite entrar en nosotros. Darnos cuenta de este hecho y de su enormidad puede ser de entrada verdaderamente devastador, pues parece demasiado imponente como para escapar de él o tratar de arreglarlo. Encontrarse cara a cara con esta realidad es una difícil iniciación en el camino chamánico, pero hay una salida.

ANOMALÍAS QUE NOS DAN UNA IDEA DE
NUESTRO PODER Y LIBERTAD

Siempre ha habido gente «excepcional» –genios, gente prodigiosa y otros casos similares– que demuestran poseer capacidades extraordinarias. Hay niños que tienen conocimiento de idiomas extranjeros que nunca han oído. Hay quienes saben orientarse sin el menor problema en una ciudad o un paraje en los que no han estado jamás. Hay personas ciegas capaces de navegar a la perfección, y gente que hace operaciones de cálculo con cifras astronómicas en un abrir y cerrar de ojos, más rápido que un ordenador. Hay quien tiene premoniciones de hechos que están a punto de suceder, de acontecimientos del futuro, o que conoce detalles de nuestro pasado que ningún desconocido podría saber. Hay personas con lesiones cerebrales graves que poseen un conocimiento enciclopédico de materias que nunca han estudiado, como la música o la electricidad.

¿Cómo puede ser esto? Se diría que el universo está más que dispuesto a infundirnos conocimientos. La gente que tiene esas capacidades excepcionales ha escapado por uno u otro motivo a la programación y está todavía abierta al Logos, al saber del cosmos. El ADN tiene una memoria parecida a la de un gran ordenador, y es capaz de almacenar la información casi ilimitada que recibe, por inducción, de los campos de energía superpuestos en todo el universo.

Una vez hablé con un agente de la CIA que había participado en experimentos de visión remota. Era capaz de ver con exactitud detalles sobre el emplazamiento de misiles y otros blancos situados a miles de kilómetros de distancia. Los experimentos habían sido todo menos un fracaso, pero, en su opinión, se habían suspendido por no ser al cien por cien exactos en el cien por cien de los casos. Los chamanes han hecho uso de estas facultades durante miles de años porque no se les ha adiestrado para ignorarlas o para creer que no las poseen. También tu Chamán Interior tiene capacidad de visión remota, solo que no has desarrollado esta facultad todavía.

La cultura imperante suele ignorar estas excepciones tan embarazosas porque no encajan en el molde. Podríamos concluir que son milagros para no tener que explicarlas, pero no sería del todo cierto. No son tanto milagros como capacidades humanas naturales que la mayoría de la gente no ha desarrollado o utilizado a causa de los muros de contención culturales erigidos en la mente. En realidad, son facultades que posee el Chamán Interior que hay en todos los seres humanos.

Una vez almorcé con el hombre que había establecido el récord Guinness de hombre más fuerte del mundo. Era islandés, y había conseguido mover varios coches y un camión encadenados juntos tirando de una cuerda con el dedo meñique. Cuando lo conocí en una conferencia de parapsicología en Dinamarca, descubrí que era capaz de otras proezas sobrenaturales. Lo vi levantar a dos hombres robustos en cada brazo y luego bailar descalzo sobre cristales rotos entre las llamas. Lo vi balancear el cuerpo con el abdomen apoyado en la afilada punta de un cuchillo de acero. Lo vi magnetizarse el cuerpo y, como un imán, atraer hacia sí todo tipo de objetos metálicos: sartenes, planchas, tenedores, cucharas, clips de metal... En un acto de intención, aflojó el magnetismo y todo se estrelló contra el suelo. Mientras almorzaba con él después de la demostración, me contó que como de niño había vivido en una granja aislada en el norte de Islandia, nadie le había enseñado que la gente no podía hacer ciertas cosas. Un día, cuando tenía alrededor de diez años, se cayó del tractor de su tío; el tractor lo atropelló y le hizo una herida espantosa en la pierna. Como no sabía que no podía hacerlo, simplemente tuvo la voluntad de dejar de sangrar. La herida se cerró y él continuó arando el campo. Volvió a casa sin el menor incidente, y no tuvo que ir al médico.

Te aseguro que era un tipo de lo más común. Tenía el cuerpo de carne y hueso. Ni siquiera era muy corpulento..., simplemente un islandés fornido y de modales humildes, sosegado, apacible, sin malicia. Sin embargo, estaba claro que el funcionamiento de su mente era distinto al de la mayoría de la gente. Como no tenía en ella muros de contención que le dijeran que no podía hacer ciertas cosas, el saber del universo podía entrar en él. Tenía acceso total a su Chamán Interior. Me marché pensando no que era un hombre fascinante, sino que, si él era capaz de hacer aquello, también yo podría hacerlo si eliminaba los muros de contención de mi mente.

VACIAR LA MENTE SUBCONSCIENTE

Aprendí de mis profesores chamanes que vaciar la mente subconsciente de todos los constructos mentales y sistemas de creencias consolidados durante cientos de vidas, así como de todo el bagaje, los miasmas y los siglos de desperdicios acumulados en el ADN, es una tarea casi imposible. Intentar hacerlo solo es, además de extremadamente desalentador e interminable (y me refiero a vidas enteras de trabajo), muy poco realista. Es un trabajo que no se puede hacer solo.

La clave para vaciarla es pedir ayuda, sobre todo al Espíritu, y a profesores expertos. La manera más efectiva de hacerlo es entrando en contacto con el Chamán Interior. Cuando le pidas ayuda al Chamán Interior para purificar tu ADN y vaciar la mente subconsciente de su bagaje, recibirás ayuda instantánea. Pide y se te dará.

EJERCICIO: DESPEJAR LA MENTE SUBCONSCIENTE

1. Siéntate y relájate, respirando hondo varias veces. Vas a darle órdenes precisas a tu subconsciente, así que conviene que estés todo lo relajado posible.
2. Centra la atención en la fuerza que ejerce la gravedad sobre tu cuerpo. Siente cómo te hace pesado. Deja que la gravedad ejerza esa fuerza sobre tu cuerpo sin oponer resistencia.
3. Dirige ahora la atención a tu imaginación y tu mente, libres por completo de los efectos de la gravedad.
4. Imagina que entras en un ascensor y que vas a bajar del décimo piso a la planta baja. Siente cómo el ascensor da una sacudida y empieza a bajar: décimo, noveno, octavo, relajándote, profundizando; séptimo, sexto, quinto, soltándote, relajándote aún más; cuarto, tercero, bajando; segundo, primero, profundamente relajado y listo.
5. Espera a que la puerta del ascensor se abra y sal a un paraje natural de gran belleza. Ante ti hay un hombre sabio o una mujer sabia que te sonríe y te invita a que te acerques.
6. Dile a esa persona sabia: «Gracias por estar aquí. He venido a pedirte que me ayudes a vaciar la mente

subconsciente de todo el bagaje y las limitaciones superfluos que me impiden madurar y transformarme. Sé que puedes hacerlo y que lo harás, porque estoy usando mi libre albedrío para solicitar tus servicios. Empieza a desmantelar los muros de contención de mi mente que me inmovilizan en este momento. Con cada respiración, los muros de contención se derrumban, y con ellos los miles de años de programación, preocupación, miedo y autocastigo, así como las trabas autoimpuestas a causa de la culpa y la vergüenza. Pon fin a toda la culpa, la vergüenza y la falta de perdón. Acaba con toda la ira, el rencor, el pesar y el remordimiento. Ya no necesito de ninguno de ellos para seguir progresando».

7. Ahora di: «Ya me siento más ligero, más libre, transformado en mi yo esencial. Gracias, gracias por ayudarme incluso cuando no tengo consciencia de ello. A partir de ahora, tú y yo somos socios. Sé que quieres que salga airoso de esta empresa y no voy a oponer resistencia ni a interferir en tu trabajo para asistirme. Yo soy el que soy. Soy la puerta abierta que ningún ser humano puede cerrar. Estoy en camino».

8. Ahora vuelve al ascensor, entra y cierra la puerta. Pulsa el botón y empieza a subir: primero, segundo, tercero, sintiéndote más ligero y centrado; cuarto, quinto, sexto, con la mente más clara y más asentado en tu cuerpo; séptimo, octavo, cada vez mejor; noveno y décimo, de vuelta al cuerpo y sintiéndote de maravilla. Abre la puerta del ascensor y permanece donde estás.

9

INTERFERENCIAS QUE OBSTACULIZAN EL CONTACTO CON EL CHAMÁN INTERIOR

El relato mítico con el que comenzaba el capítulo 5 nos permite comprender fácilmente y en profundidad por qué a tantas personas les cuesta conectar con el Chamán Interior, por qué la gente se resiste a conocer este recurso tan fabuloso. Sin relatos como este, es difícil entender la magnitud de nuestro experimento, la razón del sufrimiento humano y la posibilidad de recuperar la libertad. El mito de la creación elaborado en torno a los miniyoes nos da una idea de cuál es la naturaleza de los obstáculos, la razón por la que hay un equipo antagónico que intenta derrotarnos en el camino hacia nuestra meta. A diferencia de las explicaciones estadísticas de la ciencia, este mito de la creación nos hace ver con claridad que participamos todos en un juego grandioso, en el que, como en cualquier juego, hay maneras de ganar y maneras de perder..., pero si perdemos, perdemos solo temporalmente, porque este juego lo ideamos para que al final terminara en victoria.

Cuando, como resultado de nuestra curiosidad, se creó este sueño de apariencia real —lo que consideramos la realidad—, la falsa personalidad o el parásito se creó a la vez. El parásito surgió porque esta «realidad» era un universo físico basado en el concepto de unidades separadas. Los átomos, los electrones, etcétera, parecen estar separados entre sí (aunque, como ya hemos visto, la física cuántica explica que esto no es realmente así, que todo está conectado). La labor de la falsa personalidad es dominar el plano físico, intensificar su tendencia a la fragmentación e impedir que se disuelva. Se alimenta del conflicto y de todo aquello que genere más separación, lo mismo que un incendio forestal se alimenta de árboles y maleza. Los miniyoes, con nuestro deseo de experimentar lo que era un universo físico sin Espíritu, forjamos la falsa personalidad. Se podría decir que este juego experimental fue todo un éxito; a esa falsa personalidad los chamanes la consideran una digna oponente, no una pobre incauta. El plano físico se disuelve cuando despertamos del sueño de la separación. ¿Significa eso que el universo físico se desvanece sin más cuando despertamos? No. No desaparece al instante, porque tiene inercia, impulso durante un tiempo.

Según la tradición chamánica, el universo físico es temporal y un día se disipará en el vacío del que vino. Entretanto, como en un sueño, es posible reemplazar las pesadillas del plano físico —la guerra, la pobreza, la enfermedad, el hambre...— por luz y el resplandor de un sueño nuevo, un bello sueño que vibre al unísono con el Espíritu. El sueño puede ser mucho más maravilloso de lo que ha sido hasta ahora. Primero nos darán una calurosa bienvenida la cooperación, el amor, la compasión, el perdón, la alegría, el júbilo y la felicidad. Luego, cuando ya no necesitemos del plano físico como plataforma para recordar, se desvanecerá sin más, como se desvanecen los sueños nocturnos cuando despertamos a un nuevo día. Eso sí, para llegar a esto es necesario que cada ser humano derroque a la falsa personalidad, la autora de la vanidad y la prepotencia, hasta que no quede nadie que crea en ella; así es como murieron los dioses falsos de la antigüedad..., por falta de atención. Puede que conseguirlo lleve un tiempo, desde el punto de vista del plano físico. Desde la perspectiva de la eternidad, no se tardará nada. Es más, los chamanes creen que ya sucedió, antes incluso de que empezara el juego; solo estamos descubriendo algo que ya ocurrió. Por eso los chamanes no tienen miedo. Han visto el resultado del juego. Saben la verdad.

LA FALSA PERSONALIDAD: UNA DIGNA OPONENTE

No es que los chamanes vivan engañados imaginando que la gente carece de imperfecciones y defectos; saben mejor que nadie que los seres humanos tenemos un lado sombrío, puesto que gran parte de su formación está consagrada a erradicar la oscuridad que eclipsa la luz radiante. Son conscientes de lo largo y escabroso que puede ser el camino. Aprenden a no juzgar a otros por sus defectos sino a ayudarles a curarse de ellos. Saben que en el instante que juzgan algo o culpan a alguien se ven sometidos al control de aquello que condenan. Así que, en general, los chamanes son afables y compasivos con los demás pero implacables cuando lo que corresponde es plantar cara al adversario. Entonces es cuando sale el guerrero que hay dentro de todo chamán.

Si crees que exagero la astucia de la falsa personalidad, te diré que no es así, que los chamanes saben que en el juego de la vida hay retos muy difíciles y grandes obstáculos que superar. Después de todo, cualquier juego que sea mínimamente emocionante tiene sus obstáculos y sus retos. Si es demasiado fácil, no se considera divertido; nadie iría a ver jugar a la selección española de fútbol contra un equipo de instituto de secundaria. Por otro lado, si los obstáculos son demasiado grandes, nadie quiere jugar. Tiene que haber una posibilidad razonable de ganar. De otro modo, muy poca gente apostaría. Los juegos más apasionantes son aquellos en los que hay dos equipos igualados que luchan por la victoria. Por eso, al entender de los miniyoes, el equipo adversario en el juego de la vida, o sea, la falsa personalidad, tiene que ser fuerte. Pisar una hormiga no es combatir con un digno oponente; luchar con un oso, sí. A esto es a lo que Don Juan, el profesor de Carlos Castaneda, denominaba un «pinche tirano».

La falsa personalidad es una consciencia simulada que depende de que percibamos la separación en todo para poder mantener en pie su argumento. Se sirve de la vitalidad del Espíritu a base de distorsionar su mensaje y desviarlo hacia sus propias metas y con sus propios objetivos. Por eso los chamanes toltecas la llaman «el parásito», porque se hace pasar por real viviendo de su huésped y finalmente matándolo, igual que hace el VIH con el cuerpo. Y lo hace con tal habilidad que la mayoría de la gente no tiene ni idea de lo destructiva que es la falsa personalidad para la consciencia. Es una hipnotizadora de talla mundial y se anexionará lo que sea y a quien sea con tal de mantener su dominación en el universo físico.

Durante siglos, la falsa personalidad ha logrado convencer a los seres humanos de que el universo es un accidente de la naturaleza que se atiene a leyes ciertas e inmutables imposibles de trascender, pese a toda la evidencia —al decir de los físicos cuánticos además de los chamanes— de que sencillamente no es así. Aunque presenciamos a diario sucesos milagrosos que demuestran sin sombra de duda que es posible poner dichas leyes en suspenso, los escépticos han conseguido convencer a la mayor parte de la comunidad científica de que esos sucesos carecen de validez. Los médicos ignoran sistemáticamente los milagros curativos, mientras que los medios de comunicación ignoran una de las mayores anomalías de nuestros tiempos: los misteriosos círculos hallados en las cosechas. Los científicos, y especialmente los historiadores y geólogos, le dan la espalda a cualquier hecho anormal que no concuerde con sus teorías, y las organizaciones religiosas se dedican a rechazar todo aquello que no coincida con sus dogmas respectivos.

La falsa personalidad convence a la gente de la existencia de enemigos, nos hace creer que debemos protegernos unos de otros y destruir el planeta para salvarnos de nuestros temores más terribles. Así es como extiende su venenosa doctrina de paradojas, angustia, sufrimiento y muerte, a la vez que hace lo imposible por ocultar cualquier pista que apunte a la verdad de que todo es uno. No es de extrañar que tanta gente sea incapaz de encontrar al Chamán Interior; la falsa personalidad se afana en crear distracciones. ¡Vaya si es una digna oponente!

La falsa personalidad es la consciencia de ego de la que habla el budismo y a la que aluden por el nombre de Satanás los cristianos, aunque nunca ha sido una entidad viva, un demonio. Su actividad favorita es la distracción. Cualquiera que haya criado a niños pequeños sabe lo eficaz que es la distracción para hacer que un niño deje de llorar o de chillar. Y el instrumento del que principalmente se vale la falsa personalidad para distraernos es el pensamiento: un sinfín de pensamientos que explican, comparan, juzgan, procesan, analizan, conciben, consideran, niegan, concuerdan, rivalizan, culpan, se identifican, y un largo etcétera. Los seres humanos han encumbrado el pensamiento; lo han sentado en un trono de oro y lo han proclamado rey. Pero el pensamiento puede ser un intrigante muy peligroso cuando está separado de su fuente, la mente superior que reside en el corazón. Cuando el pensamiento está divorciado de la mente superior, se deja invadir por el miedo.

La falsa personalidad utiliza el miedo como distracción suprema y principal motivación de los procesos de pensamiento. Disfruta lanzando a tu mente granadas de pensamiento alarmante que te hacen reaccionar con más miedo todavía. Después devora los productos de ese miedo y se robustece, y tú te debilitas. Si no reaccionas, la granada no explota y te haces más fuerte, pero si muerdes el anzuelo y reaccionas, la granada explota y sufres espantosamente, no duermes, te preocupas, lloras o luchas contra la vida. Los chamanes de todo el mundo consideran que estos miedos son fundamentalmente dos: el miedo al abandono y el miedo al encarcelamiento. Luego, estos se descomponen y dan lugar a los siete patrones de miedo que en mis artículos y libros denomino «obstáculos» o «dragones», y que son: autodestrucción, codicia, desprecio de uno mismo, arrogancia, martirio, impaciencia y obstinación. Hablo detalladamente sobre cómo superar estos patrones de miedo en mi libro *Transforming Your Dragons*.

EJERCICIO: ATAJAR A LA FALSA PERSONALIDAD EN ACCIÓN

Para que este ejercicio sea de verdad eficaz tendrás que esperar a que la falsa personalidad se active. No te preocupes: no te hará falta esperar mucho. Lo normal es que aparezca sobre todo como respuesta al estrés, ya sea porque llegas tarde a una cita o porque estás enfadado con alguien. De todos modos, puedes recordar algún momento reciente en que te hayas sentido así y con eso bastará para que puedas hacer el ejercicio ahora mismo.

1. Acuérdate de una situación reciente en la que reaccionaras con ira o te pusieras a la defensiva estando con alguien, en que te invadiera una gran inseguridad o temor, reaccionaras con impaciencia o terquedad, te sintieras completamente desamparado o indigno de afecto, criticaras a alguien con dureza, cayeras en la queja y el victimismo o hicieras algo autodestructivo. Trata de volver a sentir lo que sentiste entonces.

2. Reconoce que, en cuanto empezó esa reacción, la falsa personalidad se apoderó de ti y empezó a manejarte.

3. Ahora, en tu imaginación, detén la acción y mira lo que ocurría en esos momentos dentro de ti. Intenta determinar con precisión cuándo y cómo comenzó. ¿Cuándo empezaste a sentirte mal? «Primero John

dijo esto, luego pensé aquello, entonces él respondió y me pareció que me criticaba, me sentí ofendido, y me puse a la defensiva, etcétera».

4. Date cuenta de que en algún lugar de la escena había miedo. Identifica lo mejor que puedas ese miedo: ¿era miedo al abandono, a quedarte atrapado, a estar perdiendo el tiempo, a la derrota, a que se te juzgara o no se te aceptara, a que se te obligara a algo o se te controlara, a acabar siendo una víctima, o algún otro miedo?

5. Reconoce que no existe un mundo objetivo fuera de ti, y que todo este drama ocurre y ocurría enteramente en tu imaginación aunque pareciera bastante real en aquel momento.

6. Ahora, con firmeza y convicción, diles a tu miedo y a la falsa personalidad de la que brota: «Te veo. Veo lo que intentas hacer para distraerme. Esta vez no voy a caer en la trampa. No tienes poder sobre mí. Lárgate».

7. Tal vez tengas que repetirlo varias veces, pero al final ten por seguro que ganarás. Es como desarrollar un músculo: se fortalecerá con el tiempo. Buen trabajo, incómodo pero productivo.

LOS FILTROS CAUSANTES DE LA DISTORSIÓN

Vamos a volver un momento a los filtros de la impronta que ya mencioné en el capítulo 3. Para ahora sabes que el Chamán Interior vive sereno y protegido en el corazón, no en medio de la cabeza. Su tarea es hablar a través del corazón —el otro cerebro—, no de la cabeza pensante, que conocemos como encéfalo. Sabiendo esto, la falsa personalidad ha dispuesto una serie de filtros obstaculizadores entre el Chamán Interior y tu corazón, lo cual recorta la entrada de fuerza vital en tu organismo y limita la cantidad de verdad, amor y energía que pueden llegar al corazón.

La falsa personalidad inserta además otros filtros entre los órganos de los sentidos y el cerebro, filtros formados por férreas creencias y condicionamientos en lugar de la verdad de tu corazón. Así que cuando ves el mundo con los ojos y oyes el mundo con los oídos, percibes peligros, amenazas y limitaciones que te hacen actuar con los prejuicios de tu cultura, tu religión y tu familia de origen. Puede que te dé miedo la gente de otro color de piel, otra tendencia sexual u otra creencia religiosa, y ese miedo te hace querer atacarla, librarte de ella, proscribirla. Las creencias sociales que llevas grabadas te hacen sentirte insignificante, culpable, avergonzado, incapaz de encontrar al Espíritu, incapaz de encontrar amor, incapaz de llevar a cabo tu visión. Empiezas así a actuar con recelo, con espíritu enjuiciador y vengativo, con amargura, codicia, envidia, prejuicios, y caes en el chismorreo, la calumnia y toda una legión de comportamientos que, en vez de producir felicidad, producen ansiedad, hostilidad y depresión.

Mientras haya filtros distorsionadores que interrumpan la influencia del Chamán Interior, sufrirás, porque el poder del Chamán Interior no puede cumplir su función suprema: conectarte con el Espíritu. No te equivoques, el Chamán Interior sigue haciendo su trabajo, porque no existe nada que pueda impedírselo; eres tú el que, al aceptar los filtros, ha dejado de escuchar su voz. Y tampoco es que seas víctima de la situación; en un sentido sustancial, todos somos los autores de esos filtros distorsionadores, de la impronta, el condicionamiento, las falsas presunciones, las sociedades y las familias que nos programan, de la falsa personalidad en sí.

EJERCICIO: **ELIMINAR LOS FILTROS DISTORSIONADORES**

1. Siéntate en una postura cómoda y relajada y asegúrate de que no hay nada que vaya a distraerte o interrumpirte. Esto puede significar apagar el teléfono móvil y sacar amablemente de la habitación al perro o al gato.

2. Memoriza la siguiente secuencia: actualiza, renueva, restaura, recalibra, eleva la frecuencia y despeja los filtros de...

3. Estás listo para empezar. Para la vista, repite: «Actualiza, renueva, restaura, recalibra, eleva la frecuencia y limpia los filtros del nervio óptico. Elimina todos los filtros que me impiden ver lo que debo ver».

4. Para el oído, repite la secuencia, pero termina diciendo: «[...] y limpia los filtros de los nervios del oído interno. Elimina todos los filtros que me impiden oír lo que debo oír».

5. Para la percepción, repite la secuencia, pero termina diciendo: «[...] y limpia los filtros de la glándula pituitaria y la glándula pineal. Elimina todos los filtros que me impiden percibir lo que puedo y debo percibir en estos momentos».

6. Repite la secuencia un par de veces a la semana, ya que es necesario limpiar los filtros con frecuencia. La secuencia entera no debería llevarte más de dos o tres minutos.

10

Entronizar al
Chamán Interior

LA MEDITACIÓN

Hay al menos ocho prácticas que la falsa personalidad detesta y que percibe como enemigas suyas. La primera es la meditación, porque es lo que al Chamán Interior más le gusta..., y es por tanto una forma muy eficaz de entronizarlo. Meditar es aquietar los pensamientos de la mente para que la voz de la esencia, o el Chamán Interior, pueda oírse y la voz de la falsa personalidad se calle. Hay incontables formas de meditación, que provienen de muchísimas tradiciones distintas. Puedes aprender técnicas de meditación concretas o puedes sencillamente tratar de mantener la mente vacía. A pesar de su sencillez, la meditación es una disciplina y quizá tardes un poco en ser un meditador experto.

Mucha gente confunde la concentración con la meditación. Son diferentes. La primera consiste en enfocarse en algo para que se centren en ello los pensamientos. La segunda, en no tener pensamientos. Las dos son muy útiles, pero en este caso nos interesa la meditación. Como preparativo para la meditación, a mí me ayuda practicar antes un poco de *chi kung* o de yoga para abrir el cuerpo y sus canales de energía. Aunque hay numerosos tipos de meditación, no se requiere hacer una práctica formal. Personalmente prefiero las meditaciones simples, como las que enumero a continuación. Puedes ajustarlas y combinarlas como quieras, lo importante es que hagas algo, lo que sea, a diario.

Si realizas cualquiera de estos ejercicios de meditación con regularidad, con un poco de disciplina conseguirás aquietar la mente. Recuerda que la meditación no habría de ser una tortura ni requerir un inmenso esfuerzo; debería ser fluida y crear un sentimiento de bienestar. Si te ves forcejear y pasarlo mal, detente y prueba de nuevo cuando te encuentres en un estado distinto. También es una buena idea hacer una práctica breve de meditación todos los días a la misma hora. A mí me gusta hacerla a primera hora de la mañana.

EJERCICIO: RESPIRAR Y SOLTARSE

1. Entra en ese espacio situado cinco centímetros detrás del puente de la nariz. Practica la respiración yóguica: al inspirar, el abdomen se hincha; al espirar, el abdomen se contrae y se eleva.

2. Deslízate sobre los minúsculos e infinitos momentos del ahora y acepta la inevitabilidad de lo que es.

3. Al inspirar, di para ti: «Acepto». Deja que todo sea como es en este momento de tu vida. Al espirar, di: «Me suelto». Visualiza o siente cómo una diversidad de cosas sale en tropel por la cúspide de la cabeza.

No es necesario que sepas lo que son. Te sentirás mejor, más ligero, más centrado.

EJERCICIO: DEJAR QUE LOS PENSAMIENTOS PASEN DE LARGO

1. Siéntate en una postura relajada y sin nada que te distraiga.
2. Observa cada pensamiento según surge y entra en el campo de tu percepción consciente.
3. Date cuenta de que, aunque parece ser tuyo, es simplemente un pensamiento; no es tuyo ni de nadie. No te identifiques con él ni le permitas generar más pensamientos similares.
4. Déjalo que pase de largo.
5. Espera a que surja el siguiente pensamiento y aplica el mismo procedimiento.
6. Poco a poco los pensamientos se ralentizarán. Es una buena señal. Estás progresando.

LA CONTEMPLACIÓN

El segundo enemigo de la falsa personalidad es la contemplación. La contemplación no es el pensar ordinario, sino una percepción directa y penetrante, una consciencia intensa, clara y profunda, es ver la verdad que yace detrás de la mentira. En vez de utilizar las facultades comparativas y críticas que ofrece el hemisferio cerebral izquierdo, la contemplación se sirve de las propiedades holísticas del hemisferio derecho. Representa una amenaza para la falsa personalidad porque le arrebata el control y se hace cargo de los pensamientos que tienes.

Hay muchas formas distintas en que puedes alentar el espíritu de contemplación: pon música, utiliza la aromaterapia o coloca ante ti un ramo de fragantes flores recién cortadas. Al enfocar los sentidos, estos permanecen ocupados. Las sensaciones tienen lugar en el momento del ahora y te mantienen presente, condición indispensable para poder centrarte en la contemplación.

Lo ideal es que la contemplación se haga al aire libre en un bello paraje natural: una playa, una montaña, un prado o un desierto. Puedes intensificarla sosteniendo en la mano ciertas rocas, cristales de cuarzo o piedras semipreciosas, o colocándotelos estratégicamente en la cúspide de la cabeza. Son aliados, y pueden ayudarte a enfocar la atención, a elevar el nivel de inspiración o a abrir el corazón. Entre mis preferidos están el cristal de cuarzo negro tibetano, la apofilita, la sugilita, la calcita, el lapislázuli, la azurita, la piedra língam y la crisocola.

EJERCICIO: CONTEMPLAR CUESTIONES TRASCENDENTALES

1. Puedes empezar la contemplación trayendo a la mente una cuestión de carácter general, como la naturaleza del tiempo, la influencia del corazón o la percepción ilusoria de los sentidos. Podría arrancar de una sencilla cavilación o pregunta. Podrías preguntar: «¿Cómo es que el tiempo pasa a tal velocidad y yo sigo estando siempre aquí?». O quizá: «¿Quién soy yo?», o «¿Quién soy cuando no estoy revestido de este cuerpo?».

2. Permanece en el corazón. Estando en él, deja que el Chamán Interior te enseñe, que responda a tus

preguntas. Escucha con atención. Al principio tal vez no oigas nada, pero con la práctica verás que se te dan respuestas claras.

Yo suelo tener un cuaderno al lado en el que anotar una palabra o una frase a las que pueda remitirme después. En cualquier caso, no conviene dedicarse demasiado a tomar notas o echaremos por tierra el verdadero propósito de la contemplación. Hasta que tengas más experiencia, evita temas que puedan provocarte ansiedad, como: «¿Qué debo hacer con mi vida?» o «¿Cómo salir de esta situación conflictiva con X?».

El propósito de la contemplación es examinar una idea y que en ese examen detallado lo que aprendas te transforme. La contemplación debería conducir a algo que suponga para ti un cambio de juego, una percepción que te haga ver el mundo de manera enteramente distinta. Debería desestabilizar tu mundo, hacer que pongas en entredicho un sistema de creencias o mostrarte con claridad que hay otra manera de percibir el mundo. Las contemplaciones que propongo a continuación tienen precisamente ese objetivo. Pero no te limites a estos ejemplos. Piensa en algo que te gustaría cuestionar y contémplalo.

EJERCICIO: **DIVERSAS CUESTIONES INTERESANTES QUE CONTEMPLAR**

1. Contempla el hecho de que en aquellos individuos que tienen personalidad múltiple, cada una de las subpersonalidades pueda tener un estado de salud completamente distinto. Puede que una

personalidad, cuando adopta el papel protagonista, muestre todos los síntomas de la diabetes y necesite inyectarse insulina, y sin embargo, cuando otra subpersonalidad hace su aparición, el cuerpo no tiene ningún síntoma diabético y una inyección de insulina lo mataría. A medida que aparece cada subpersonalidad, el organismo produce instantáneamente todos los síntomas que esa subpersonalidad cree tener. ¿Cómo puede ser esto? ¿Qué nos da a entender sobre el cuerpo, sobre lo que cada uno pensamos que somos y sobre los sistemas de creencias en general?

2. Contempla el hecho de que alguien con algún tipo de lesión cerebral pueda saber todo cuanto puede saberse sobre un tema sin haberlo estudiado ni haber tenido contacto con él nunca jamás. ¿Cómo es posible? ¿Cómo puede esta persona tener acceso a esa información, sobre todo padeciendo una lesión cerebral? ¿Dónde está almacenada esta clase de información? ¿En el cerebro? ¿En el campo cuántico? ¿En el ADN? ¿Qué implica esto a nivel general? ¿Podrías tú también acceder a esa información? ¿Por qué no?

3. Contempla el hecho de que la gravedad ejerza una fuerza sobre todo pero no sobre los pensamientos. Si los pensamientos no están sometidos a la fuerza gravitatoria, ¿pueden viajar? ¿Se originan todos tus pensamientos dentro de ti? Si no es así, ¿de dónde vienen? ¿Tiene pensamientos Dios? ¿Puedes tener tú los mismos pensamientos que Dios?

4. Contempla el hecho de que, en estado de hipnosis, una persona pueda hablar un idioma extranjero que nunca ha estudiado, y no tenga luego ningún recuerdo de ello.

5. Contempla el hecho de que, bajo la influencia de ciertas plantas medicinales, una persona que carece de conocimientos musicales pueda tocar el piano como un virtuoso de este instrumento, y que alguien que nunca ha conseguido entonar una canción sin desafinar cante con voz angelical.

6. Si solo el 3% de tu ADN es de naturaleza proteínica, ¿de qué está hecho el resto de tu ADN? Si hay plantas y animales que tienen más secuencias genéticas que nosotros, ¿qué nos hace a los humanos más inteligentes o más complejos? ¿Contiene todo el ADN los mismos conocimientos, teniendo en cuenta que su constitución es idéntica en todos los casos? ¿Qué sabe el ADN, y hay algo que no sepa?

LA CONCENTRACIÓN

Un tercer instrumento del Chamán Interior que es a la vez enemigo de la falsa personalidad es la concentración. La concentración se diferencia de la contemplación por tener un objeto específico en el que, mediante la visualización u otro método, centra toda la atención. Supongamos, por ejemplo, que quieres concentrarte en tus chakras visualizando un color de luz distinto para cada uno de ellos, o concentrarte en lo que oyes, ves, captas, sientes, etcétera.

EJERCICIO: UNA RADIANTE SEMILLA DE MOSTAZA

1. Empieza por concentrarte en una diminuta semilla de mostaza situada en la región umbilical, o *tan tien*, como se denomina en el *chi kung*, dos centímetros por debajo del ombligo y varios centímetros hacia el interior.

2. Visualiza una luz de color azul eléctrico que emana de la semilla, una bola de luz. Centra la atención en ella durante varios minutos hasta un máximo de una hora. Verás o sentirás que la luz empieza a penetrar en todo tu cuerpo, especialmente en aquellos puntos que tienen algún tipo de problema, y los cura.

3. A continuación, eleva la semilla de mostaza hasta el corazón y ve, percibe o siente la luz que emana de ella, que crece y se irradia por todo el pecho y la parte superior de la espalda. La luz tendrá una cualidad cristalina, solar, y quizá llegue a ser muy brillante y vaya acompañada de una fuerte sensación.

4. Al cabo de un rato, haz ascender la semilla de mostaza hasta la garganta, concretamente hasta el área tiroidea, y haz que crezca hasta formar una preciosa luz cristalina. Intensifícala cuanto puedas.

5. Un rato después, eleva la semilla de mostaza hasta la frente y repite el proceso de concentración.

6. Más tarde, alza la semilla de mostaza hasta la cúspide de la cabeza y repite el proceso. Este sería un buen momento para rezar o emitir decretos.

EJERCICIO: UN SOL RADIANTE EN EL TRONCO DEL ENCÉFALO

Muchos chamanes creen que el espíritu entra en el cuerpo por el lugar, justo debajo del cráneo, donde la columna vertebral se une a la cabeza: el tronco encefálico. Por eso hay muchos que consideran que ese punto es la sede de la consciencia. Centrar la atención en él puede tener efectos asombrosos.

Si te palpas las cervicales y sigues la columna vertebral hasta que se introduce en el hueso craneal, habrás llegado al tronco del encéfalo y el área medular. El bulbo raquídeo o médula oblonga es un órgano alargado con forma de serpiente situado en el extremo superior de la médula espinal y al que los maestros espirituales se refieren a veces como «la boca de Dios».

1. Centra la atención en el tronco encefálico y visualiza una bola de luz dorada, como un sol en miniatura, en el área del bulbo raquídeo.

2. Intensifica la luz de ese sol dorado con cada respiración. Al cabo de un rato, deja que de esa bola dorada salgan tres haces de luz que atraviesen los ojos y un punto de la frente situado justo encima del puente de la nariz. A unos dos metros delante de ti se formará un triángulo y, si eres buen visualizador, puede que aparezca en él la figura de una madona o una diosa, que te mira con expresión intensamente amorosa, dulce y compasiva. Observa, y disfruta de sentirte cuidado de esa manera por la cara femenina del Espíritu.

3. Una variante sería hacer que el 10% de la luz dorada regresara al tronco encefálico a través de los tres ojos. La luz rebota hacia delante y hacia atrás con rapidez, como una pelota de *ping-pong*, durante

todo el ejercicio. Esto baña de luz dorada las glándulas pineal y pituitaria, activándolas, renovándolas y depurándolas.

EJERCICIO: AUM

Este ejercicio consiste en concentrarse en un sonido que emites tú mismo. Hay quienes lo consideran un cántico. Los hinduistas, y también los budistas tibetanos, creen en la existencia de un sonido subyacente que es la vibración del universo. Los hinduistas dicen que es AUM y los tibetanos, que es OM. Cuando repites estos sonidos, te sitúas en armonía con el cosmos.

1. Inspira, y al espirar forma el sonido: «AAAAAAA». Luego, antes de quedarte sin aire: «UUUUUUU», y finalmente: «MMMMMMM». Intenta que tengan la misma duración y no los prolongues demasiado para no quedarte sin aliento antes de terminar.
2. Presta atención a cada sonido y sigue la vibración allá donde la sientas mientras va ascendiendo por el cuerpo: empezando en el corazón, pasando por la garganta y terminando en la frente.
3. Repítelo tantas veces como quieras. Tiene un efecto extremadamente potente, pues se trata de la vibración del sonido, así que hazlo a menudo. Una frecuencia de una vez al día sería estupenda.

LA ACEPTACIÓN

Una cuarta enemiga de la falsa personalidad y amiga del Chamán Interior es la aceptación, no oponer resistencia, cultivar una actitud neutral respecto a todas las apariencias externas. Es una noción que ilustran numerosos relatos budistas. En uno, un joven novicio y un monje viajan juntos por un camino y mientras andan van conversando. El novicio quiere saber por qué las enseñanzas budistas recomiendan el no apego a los resultados. Para ilustrarlo, el monje le cuenta un cuento sobre un muchacho que vive en una aldea con su padre.

Más que nada en el mundo, el muchacho quería un caballo. Le imploró a su padre que se lo comprara, y al cabo de un tiempo el padre cedió y le compró un caballo con mucho brío. Toda la gente del pueblo comentaba lo magnífico que era. Un día, el caballo se asustó al ver a una serpiente y el muchacho, que iba montado en él, se cayó y se rompió una pierna. Todo el mundo comentó lo lamentable que era haber comprado aquel caballo. Pero pronto hubo un reclutamiento para una guerra que acababa de desatarse y, como el muchacho tenía la pierna rota, el ejército no quiso que se alistara. Todos comentaron la suerte que tenía de haberse roto la pierna, pues le había salvado la vida.

El relato seguía y seguía, narrando cómo cada suceso hacía a la gente saltar adelante y atrás entre la alabanza y la lamentación. Pero como sus juicios nunca podían prever lo que ocurriría a continuación, la evaluación que hacían estaba siempre equivocada. La única evaluación correcta era no hacer evaluación alguna... o, dicho de otro modo, la simple aceptación de los hechos.

En otro cuento, un monje budista vivía en un pueblo en el que la gente sentía por él un gran respeto. Le dijeron lo agradecidos que estaban de que viviera entre ellos. A sus comentarios, él respondió:

—Ah, ¿sí?

Un día una adolescente se quedó embarazada y, cuando sus padres le preguntaron quién era el padre, acusó al monje de haberla violado. La gente del pueblo se enfureció con él, lo amenazó, le gritó que era un hombre malvado y le dijo que iría a la cárcel. A todo ello, él respondió:

—Ah, ¿sí?

Unos días después, la muchacha confesó que había mentido al acusar al monje y que el verdadero padre era un adolescente que vivía al otro lado del pueblo. La gente volvió a decirle al monje lo buen hombre que era, y a todo ello él respondió:

—Ah, ¿sí?

El relato continúa, describiendo los diversos sucesos que iban provocando alternativamente en los lugareños condenas y alabanzas al monje. Él mientras tanto, negándose a dejarse arrastrar por las fantasías de la gente, mantenía una postura neutral, absteniéndose de opinar sobre lo que sabía que era pura insustancialidad, *maya*. En los dos cuentos vemos que la aceptación de lo que es, el hecho de no oponer resistencia a aquello con lo que no se está de acuerdo o no se quiere, le evita al monje perderse en el drama y la preocupación. Cuando lo aceptas todo, la falsa personalidad no tiene con qué trabajar; lentamente la privas del contenido emocional extremo, que es su alimento. El Chamán Interior acaba entonces por brillar en toda su claridad y esplendor.

EJERCICIO: MANTENERSE NEUTRAL

1. Recuerda una ocasión en que te enfadaras por lo que la gente decía de ti. Piensa en todos los dolorosos sentimientos que te provocó la situación.

2. Ahora mira a ver si eres capaz de aceptar lo que ocurrió sin apegarte a que el resultado fuera uno u otro. Si quieres, puedes tomar prestada la frase del monje budista, «Ah, ¿sí?», mientras consideras cada uno de los sentimientos que te dejó.

3. Acepta a los demás participantes en este drama como simples actores que interpretan su papel para ofrecerte una prueba que superar. ¿Has perdido la postura neutral? ¿Puedes ahora reírte de lo ocurrido? ¿Qué parte de lo ocurrido sigue enganchada a tu mente?

4. Mantén una postura mental de no saber.

ABSTENERSE DE HACER JUICIOS DE VALOR

El quinto enemigo de la falsa personalidad es no hacer juicios de valor..., a lo que los budistas se refieren por compasión o los cristianos por perdón. En el mundo chamánico, a este poderoso aliado del Chamán Interior se le llama «ver». Todos los distintos términos hacen referencia a una particular forma de no oponer resistencia en la que nos responsabilizamos de nuestra experiencia sin culpar ni juzgar a nadie por nada.

En esta forma de práctica, «ves» a todo el mundo y lo «ves» todo como proyecciones de tu propia psique, distorsiones de la verdad, siendo la verdad que todos ellos son aspectos de ti mismo. Cuando los perdonas, les quitas toda la energía a tus proyecciones, y esto te libera de quedarte atrapado en el enredo de los juicios de valor y la amargura entre tú y los demás. Eres libre.

Ho'oponopono

La práctica indígena hawaiana del Ho'oponopono es excelente para ejercitar el arte de no hacer juicios de valor. Como Hawai está formado por islas, cuando surgía un conflicto entre tribus no había adónde escapar, y rápidamente degeneraba en una carnicería. Los *kahunas*, los chamanes hawaianos, idearon el Ho'oponopono como método para evitar estas horrendas guerras y crear la vía para una convivencia pacífica. La práctica resultó ser enormemente eficaz.

Una ceremonia completa de Ho'oponopono consta de doce pasos. Los cuatro esenciales, que se aplican en la versión simplificada del Ho'oponopono, son:

1. Pedir perdón por cualquiera que haya sido la experiencia desafortunada, independientemente de quién parezca haberla provocado, incluso aunque parezca que hay una víctima indiscutible: «Siento mucho que esto haya ocurrido, que los dos estemos alterados y afligidos».
2. Perdonar a todos los implicados, incluido uno mismo. No hay culpables: «Te perdono y me perdono».
3. Decir «te amo» a todos los implicados, incluido uno mismo.
4. Dar las gracias a todos, incluido uno mismo, por las lecciones que se nos ofrecen y las lecciones que aprendemos: «Gracias por enseñarme».

EJERCICIO: HO'OPONOPONO

1. Piensa en un conflicto que hayas tenido con alguien o que estés viviendo en la actualidad. Puede que

implique a más de una persona, un grupo u organización, por ejemplo. Recuerda a todas las partes y el motivo del conflicto. Puedes incluso elegir un conflicto del escenario del mundo aunque personalmente no tengas conexión con él.

2. Ahora, siente que pides perdón a un nivel superior por toda la angustia y el sufrimiento que ha generado esa situación. No se trata de buscar culpables ni de atribuir el error a nadie; es una disculpa sincera por que se haya creado desarmonía, mala sangre, ira, pesar y dolor que han afectado a todas las partes: «Siento de verdad que hayas sufrido y pido disculpas por cualquier cosa que haya podido hacer para contribuir al problema». Hablas desde el «Yo Soy», el Yo Superior, no desde tu personalidad y sus mezquinas opiniones.

3. Ahora, adopta la postura del Espíritu y perdona a todos los implicados: «Te perdono por X. Te perdono por Y». Es como un reinicio, como volver a empezar un juego desde el principio.

4. Adoptando una vez más la postura benévola y afectuosa del Espíritu, di simplemente: «Te amo. Tú y yo somos un solo ser». Recuerda que tú estás incluido en ese amor.

5. Ahora, contemplando la situación con mirada nueva, ve las lecciones que has aprendido y di: «Gracias por haber contribuido decisivamente a enseñarme lo que necesitaba aprender». Estás dando gracias a los actores por la excelente interpretación que han hecho para beneficio tuyo.

Este ejercicio es auténticamente eficaz cuando hablas desde el corazón y sientes lo que dices. Para ello, debes apartarte de la culpa y del apego a tu experiencia. Es un ejercicio incomprensiblemente transformador cuando se hace bien.

BORRAR EL MIEDO

El sexto instrumento del Chamán Interior y enemigo de la falsa personalidad es borrar todas las manifestaciones del miedo, las emociones preferidas de las que se alimenta el ego. Estas son algunas puntualizaciones básicas sobre el miedo que conviene no olvidar:

- El miedo ocupa el mismo espacio que normalmente ocupa el amor. Donde hay miedo no puede haber amor, y viceversa.
- El amor siempre acaba por conquistar al miedo porque tiene mayor poder.
- El miedo engendra más de su misma esencia, es decir, siempre te hace tener más miedo si caes en su trampa. Las formas de miedo más exacerbadas acaban en catástrofes, como las guerras mundiales y el genocidio.
- El miedo genera una actitud defensiva que al final siempre acaba por crear aquello que más temes. Si por ejemplo tienes miedo de que se te haga tarde, lo harás todo deprisa, y tal vez provoques así un accidente que te hará perder más tiempo todavía.
- El miedo suele nacer de algo que no es real. Principalmente se basa en lo que podría ocurrir. La mayoría de los miedos son por tanto alucinaciones.

Una manera sencilla de plantarle cara al miedo es crear el hábito de decirte: «El miedo nunca está justificado» cada vez que algo te provoque ansiedad, temor o preocupación. Puedes ponerlo en práctica después de una pesadilla, tras un sobresalto —eso a lo que los chamanes de habla hispana llaman *susto*, como cuando has estado a punto de sufrir un accidente de tráfico— o mientras caminas de noche por un barrio peligroso.

Una vez, mientras cruzaba Bolivia en un viaje de reconocimiento para uno de mis grupos de formación chamánica, se declaró una huelga de transportes y todos los autobuses y taxis estaban fuera de servicio. Tuve que recorrer varios kilómetros tirando de una bolsa con ruedas hasta llegar a la frontera. Por la carretera me salió al paso un perro grande, que se me acercó gruñendo. Tuve una reacción visceral de miedo, pero, entendiendo la naturaleza de los perros, me obligué a mirarlo con neutralidad y empecé a repetir en voz alta:

—El miedo nunca está justificado.

Puse mucha atención en el significado de la frase: que era yo quien estaba creando el problema con el miedo que sentía, y que en realidad no había nada que temer. En el instante en que empecé a hacerlo, el animal dejó de gruñir, dio media vuelta y se fue. Seguí andando, maravillado de la eficacia del método. En aquella situación, el perro fue mi profesor.

En la mayoría de las situaciones, no hay nada que temer, y es nuestra reacción de miedo lo que nos crea el auténtico problema. Por eso el camino chamánico enseña a neutralizar el miedo. Cuanto menos miedo tenemos, más poder hay a nuestra disposición.

EL SERVICIO

La séptima herramienta que tiene el Chamán Interior para derrotar a la falsa personalidad es el acto de servicio, lo que los budistas llaman buenas acciones y los hinduistas *karma yoga*. Contribuir positivamente a expandir la consciencia y el amor, por muy pequeño o modesto que sea el acto, echa por tierra las manipulaciones de la falsa personalidad. El servicio frustra la importancia personal y nos mantiene centrados en dar y no en conseguir.

Todos los seres humanos tenemos una tarea de vida, una misión que cumplir, con lecciones concretas que aprender, compromisos que respetar y karma que borrar. Y todo ello es mucho más fácil de lograr cuando estamos dispuestos a hacer desinteresadamente cuanto esté en nuestra mano para contribuir a disipar el engaño de la separación, para ayudarnos a nosotros mismos y ayudar a los demás a despertar de la manera que sea más apropiada, a la vez que dejamos que cada cual tenga la libertad de adherirse a las creencias que elija.

La tradición del servicio es legendaria dentro del chamanismo. Un rasgo bien conocido de los chamanes de todos los tiempos es su extraordinaria capacidad para celebrar sesiones y ceremonias de sanación que duran días y noches seguidos. Trabajan sin descanso, habitualmente por una paga modesta, dando consejo a la gente de su tribu, prediciendo el tiempo atmosférico y las condiciones para la caza y recolectando plantas y hierbas medicinales, a veces a la luz de la luna llena, para curar a sus pacientes. Cuando no están prestando servicio, se dedican a prepararse, a aprender, a adquirir conocimientos y poder y a disciplinarse para perfeccionar aún más sus facultades.

Se pueden realizar actos de servicio trabajando como voluntario en un comedor social, un albergue de gente sin techo o incluso un albergue de animales. Sin embargo, la mayoría de la gente no se da cuenta de que los actos de servicio pueden hacerse en cualquier lugar y momento, sin necesidad de ofrecernos formalmente como voluntarios para una tarea particular. Este es uno de mis favoritos:

EJERCICIO: HACER REGALOS EN SILENCIO

1. Vete a un lugar público, por ejemplo un aeropuerto, una terminal de autobuses o incluso un parque situado en una vereda de mucho tránsito, y busca un sitio estratégico desde el que puedas observar a la gente sin que tu presencia interfiera.

2. Selecciona a varios individuos al azar para hacerles un regalo. En ningún momento vas a abordarlos físicamente. Ves venir a un hombre con un bastón: le regalas buena salud y una mayor movilidad. Tal vez le quitas el dolor. Aparece por el camino una persona abatida: le regalas felicidad, y quizá una conexión más íntima con el Espíritu. Aquí viene una niña: le regalas un futuro espléndido. Ves venir a una persona de aspecto pobre: le regalas prosperidad y más recursos económicos. Llega un hombre que parece enfadado: le regalas amor y perdón. Y así sucesivamente.

3. Probablemente nunca vuelvas a ver a ninguna de estas personas, así que no tendrás modo de saber si tus regalos se recibieron o no. Está bien que sea así. No necesitas confirmación.

EL AYUNO

La octava herramienta del Chamán Interior es ayunar. No hace falta ser un genio para saber esto: cuando no comes, el cuerpo tiene la oportunidad de desintoxicarse, lo cual lo convierte en un instrumento más sensible para el Espíritu. Cuando no comes, tu organismo tiene ocasión de descansar de la digestión, dispone de toda la energía que se invierte en ella y puede utilizarla para la actividad de los centros más elevados.

Cuando decidimos hacer un ayuno, lo mejor es empezar por un solo día en el que nos limitamos a beber algún zumo o una mezcla de agua, sirope de arce y pimienta de cayena. A veces se denomina a esto the master cleanse (limpieza maestra). Una vez que el cuerpo se haya adaptado a este breve ayuno, intenta prolongarlo hasta tres días. Hazlo una vez al mes. Luego, puedes probar a ayunar durante cinco días seguidos, tratando de prolongarlo hasta diez. En los ayunos más largos, no deberías realizar trabajos físicos pesados ni hacer nada que requiera gran atención, como conducir un coche. Hay muchos ayunos especializados, sobre todo entre los pueblos indígenas, que son expertos en ayunar al tiempo que ingieren ciertas plantas de propiedades específicas. Es un tema muy complejo sobre el que te animo a que consigas asesoramiento, pero sin duda vale la pena probarlo si de verdad quieres progresar a ritmo uniforme hacia la eliminación de la falsa personalidad. El ayuno combinado con la meditación y la contemplación forma una especie de extraordinaria central de energía al servicio del Chamán Interior.

Todas las herramientas del Chamán Interior que se han explicado en este capítulo son de eficacia probada; las han practicado millones de personas del mundo entero durante muchos miles de años. Con frecuencia, las religiones mayoritarias las han adoptado entre sus prácticas. Muchas religiones abogan a favor de la meditación, la contemplación, el servicio, el ayuno y otras prácticas similares, pero no fueron ellas las primeras en descubrir que constituían potentes métodos de progreso espiritual. Todas los tomaron prestados de otras tradiciones anteriores. Los cristianos y los budistas olvidan a veces que los fundadores de sus respectivas religiones fueron maestros realizados que bebieron de las enseñanzas de tradiciones previas. Jesús tomó mucho prestado de Zoroastro, de Krishna y de los practicantes egipcios, que a su vez obtuvieron sus asombrosos métodos de tradiciones aún más remotas: las tradiciones chamánicas que fueron las más antiguas de todas.

A lo largo de siglos y milenios, muchos profesores han añadido detalles a esta o aquella práctica, a veces mejorándola y a veces cargándola de excesiva complejidad o haciéndola demasiado extrema. Cuando tengas dudas, conviene siempre que vuelvas a la base original y que no te excedas en ninguna de las prácticas. La mejor práctica es utilizar todos los métodos descritos de forma equilibrada. No hace falta que medites veinte horas al día para progresar. Recuerda que, como en todo, importa más la calidad que la cantidad.

11

CULTIVAR EL DESPERTAR DEL
CHAMÁN INTERIOR

Cuando admitimos la existencia del Chamán Interior y vivimos desde la Fuente, somos capaces de hacer prácticamente cualquier cosa que podamos concebir. La razón es muy simple: dado que lo que percibimos como realidad es de hecho un sueño, una alucinación de aspecto realista, todo lo que vemos, sentimos y experimentamos es una proyección simbólica del sueño. Y forma parte de esa proyección la manera en que percibimos a los demás. Cuando tenemos delante a una persona, lo que vemos de ella es una distorsión. Toda la gente tiene un Chamán Interior en el corazón. Pero ese Chamán Interior es en realidad nuestro propio Chamán Interior proyectado en lo que tiene la apariencia de ser una persona situada fuera de nosotros. Por tanto, no hay múltiples Chamanes Interiores, sino un solo gran Chamán Interior que percibimos en lo que parece ser una diversidad de sitios distintos. Tu Chamán Interior es mi Chamán Interior y el mío es el tuyo. Cuando admito y reconozco la existencia de mi Chamán Interior, en realidad estoy reconociendo todas las formas del Chamán Interior presentes por todas partes y, al hacerlo, las estoy despertando a todas, aunque sea muy levemente. Cuando me encuentro contigo y veo al Chamán Interior que hay en ti, se aviva y se hace más brillante, más radiante, más luminoso. A la vez, también el Chamán Interior que hay en mí brilla y resplandece más, porque todos están conectados. Por definición, son todos uno, lo mismo que una chopera es un solo sistema radical del que brotan multitud de árboles.

Una vez, hace varios años, me disponía a tomar el avión en Chicago de vuelta a Nuevo México después de unos días de trabajo, cansado pero muy contento por cómo había resultado el viaje. Había cambiado el billete por uno de primera clase, así que embarqué antes que la multitud de pasajeros y me acomodé en la parte delantera del avión. Normalmente habría sacado un libro y me habría sumergido en él, pero en esta ocasión sentí el impulso de observar a los demás pasajeros según iban entrando y pasaban a mi lado. Suele despertar mi interés el peculiar elenco de personajes, la gente de distintas edades anímicas y la variedad de hombres y mujeres, niños y niñas y personas de edad que entran en un avión. Esta vez, según empezaron a desfilar a mi lado, percibí un resplandor intenso y cristalino que emanaba del pecho de cada uno. Inmediatamente comprendí que era el Chamán Interior, lo que los cristianos llaman fuerza crística y los budistas naturaleza búdica, el gran ecualizador, eso que hacía a cada persona un ser exactamente igual que yo. Fascinado, fui viéndolas pasar una tras otra. Esta vez no había juicios de ningún tipo, ni un cálculo de la edad de su alma y ni siquiera reparaba en si eran hombre o mujer, gorda o delgada, joven o vieja. Todas eran «Yo Soy». Incluso cuando intenté interesarme en el hecho de que una de ellas era una mujer muy guapa, descubrí que no era capaz de hacerlo. Aquella mujer era igual que el resto de la gente.

Mientras las veía pasar, el sentimiento de éxtasis era cada vez más intenso y, para cuando pasó la última, sentía que el pecho me iba a estallar henchido de luz propia. Me quedé sencillamente maravillado de la fuerza inefable de la experiencia.

EL PODER QUE EMANA DE OPERAR DESDE
UNA PERSPECTIVA DE TOTALIDAD

Cuando aprendemos a operar desde una perspectiva global, desde la totalidad, como en la experiencia que acabo de describir, adquirimos un poder extraordinario, porque interactuamos con todos los Chamanes Interiores de todas partes. Cuando actuamos desde la personalidad ordinaria, sin conocimiento del Chamán Interior, tenemos solo el poder de un fragmento de nuestro ser total. Así es como vive la mayoría de la gente, como un fragmento, y su poder está por tanto seriamente recortado. Las opciones son tener el poder de una sola persona, o tener el poder de la especie humana y de todos los seres sintientes al alcance de la mano. La elección parece obvia, pero el ego es tan listo, tan astuto, que se las arregla para que casi todo el mundo elija operar desde el limitado poder de su yo imaginario y aislado. Si no fuera porque nos hace sufrir tanto, sería simplemente irrisorio, totalmente absurdo, inimaginable.

Así que, ¿cómo lo hacemos para cultivar el despertar del Chamán Interior? ¿Cómo lo invitamos a que emerja de entre las sombras? En términos chamánicos, allá adonde se dirige tu atención, se dirige tu poder. Si empiezas a orientar la atención al Chamán Interior durante una parte del día, tu poder se encaminará al mismo lugar y activará esta central de poder que llevas dentro. Todos los maestros chamanes, sin excepción, han activado plenamente su Chamán Interior. Esto es lo que les permite realizar todas las extraordinarias hazañas que llevan a cabo, como viajar a otros sistemas estelares, curar mediante el tacto, desaparecer físicamente o saltar de una montaña a otra. Una vez que saben que están soñando su realidad, pueden adquirir en su sueño una lucidez que les otorga poder sobre el sueño. La alternativa es ser víctima del sueño..., un absurdo, a su entender, pues saben que son ellos los soñadores.

Hace un par de años, tuve la fortuna de ir a la tierra de los q'eros, situada a gran altitud en una zona extremadamente escarpada de los Andes peruanos. Allí conocí a Modesto, un paqo andino de cuya hija acabé siendo padrino. Modesto sufre de una fuerte displasia de cadera, por lo que caminar representa para él un trabajo lento y laborioso. Es la secuela de un rayo que lo alcanzó cuando tenía cinco años. A pesar de su discapacidad física, muestra lo que todos los paqos andinos parecen poseer: un talante alegre y radiante acompañado de una excepcional modestia y cordialidad. Después de pasar un rato con su familia, todos montamos nuestros caballos para iniciar el difícil viaje por la cordillera, de más de cuatro mil quinientos metros de altitud, hasta otro pueblo andino. Al cabo de muchas horas, llegamos y empezamos a montar el campamento. Unos minutos después, apareció Modesto, con una sonrisa radiante, caminando con gran dificultad hacia nosotros para saludarnos. Era imposible que hubiera caminado lo bastante deprisa como para llegar al mismo tiempo que los caballos, y estaba claro que por su discapacidad no podía montar. Sencillamente apareció, sin que resultara obvio qué forma de transporte había utilizado, ya que en aquella parte de los Andes no existen vehículos ni carreteras; no hay más que senderos para caballos y llamas. ¿Cómo lo hizo? Es un maestro del arte de ensoñar, un maestro de la navegación dentro del sueño, y la distancia y el tiempo no representan para él un obstáculo. A fin de cuentas, lo había alcanzado un rayo, que en los Andes es señal inequívoca de un chamán de formidable poder.

EJERCICIO: ABRIR UN PORTAL CHAMÁNICO

Hay diversas maneras de acceder al Chamán Interior, y ya hemos visto algunas de ellas. Pero hay además varios modos de abrir portales chamánicos o vías internas que conducen al Chamán Interior y a otras dimensiones. El que explico a continuación entraña una enorme fuerza y es muy eficaz.

Primero, lee el ejercicio entero. Luego cierra los ojos y realízalo paso a paso. Para hacerlo vas a necesitar una *vesica piscis*, la forma de pez que resulta de la intersección de dos círculos de igual tamaño superpuestos de modo que cada uno de ellos llegue al centro exacto del otro. Es la forma que tiene cada orificio del organismo: la boca, las fosas nasales, los ojos... Todos ellos son portales de entrada al cuerpo. La *vesica piscis* (literalmente vejiga de pez) se considera una forma sagrada, y es para los chamanes un portal de poder.

1. Imagina que dibujas dos círculos alrededor de tus pechos de forma que el borde de cada círculo pase sobre el pezón del pecho opuesto. La intersección formará una *vesica piscis* en el centro del pecho. Siente la luz dorada que emana de ella como si tuvieras un faro en mitad del pecho. Deja que los círculos se ensanchen haciendo que la *vesica piscis* aumente de tamaño hasta abarcar el cuerpo entero. Ahora el cuerpo entero resplandece con luz dorada.

2. Centra la atención en el Chamán Interior que hay dentro de tu corazón.

3. Fíjate detalladamente en el aspecto que tiene hoy el Chamán Interior.

4. Siente en tu corazón el efecto de que el Chamán Interior resplandezca de luz y poder.

5. Ahora, con un acto de voluntad, consciente de que tu voluntad es poderosísima, deja que el Chamán Interior empiece a crecer muy lentamente.

6. Permite que se haga mayor, hasta dejar atrás su silla o trono.

7. Siente cómo el Chamán Interior empieza a llenarte el pecho, desciende por las piernas y sale de los brazos, y poco después, al cabo de unos minutos, crece hasta llenar el contorno de tu cuerpo. El Chamán Interior ha alcanzado tu mismo tamaño... y ahora eres el Chamán Interior.

8. Abre los ojos y mira a tu alrededor como Chamán Interior. ¿Cuál es la diferencia? ¿Cómo te sientes? Disfruta y recréate en la experiencia.

9. Vuelve a cerrar los ojos e imagina que eres capaz de observarte desde una de las esquinas del techo o, si estás al aire libre, imagina que estás en lo alto de una rama u otro lugar elevado desde donde puedas mirar tu forma debajo de ti. Presta atención al aspecto que tienes y que tiene tu Chamán Interior. ¿Hay luz? ¿Ha cambiado tu apariencia en algún sentido? ¿Estás vestido de ti o como el Chamán Interior que has visto antes? ¿Qué aspecto tienen tus ojos contemplados desde esta perspectiva? ¿Qué transmite tu presencia?

10. Cuando hayas terminado de explorar y examinar al Chamán Interior, asegúrate de trasladarte de vuelta a tu piel. Acuérdate siempre de mover los dedos de los pies y de las manos y asegúrate de que vuelves a estar firmemente instalado en tu cuerpo.

11. Una variante del ejercicio es dejar que el Chamán Interior siga creciendo hasta llenar el espacio que te rodea y que tú estés dentro de su corazón. Prueba a hacerlo. Luego deja que empiece a encogerse hasta igualar tu tamaño.

12. Ahora devuelve el Chamán Interior a su trono o sede interna expresando tu voluntad de que se reduzca al diminuto tamaño que tiene cuando está dentro de tu corazón. Vete reduciendo la *vesica piscis* hasta que esté situada en tu pecho.

Hay quienes preguntan si no sería mejor dejar que el Chamán Interior conservara su tamaño máximo, y es una buena pregunta. El chamanismo es una tradición muy ordenada: todas las herramientas que se sacan y utilizan se recogen luego con reverencia y esmero y se devuelven a su sitio hasta que vuelvan a necesitarse. En el caso del Chamán Interior, aunque pueda hacerse uso constante de él, debe devolverse por ahora a su lugar de máxima efectividad.

La mayoría no estamos preparados para hacernos cargo permanentemente del poder del Chamán Interior en su estado de expresión plena. Es algo que llega tras años de práctica o una vez alcanzada una extraordinaria madurez.

Dejar al Chamán Interior a tamaño máximo podría llamar excesivamente la atención de los demás y hacerte vulnerable a su curiosidad e interés, algo que en esta etapa del aprendizaje podría resultarte problemático. Otro peligro es que la falsa personalidad interfiera en los poderes del Chamán Interior y los capte para emplearlos en sus propios procesos de pensamiento. Dentro de un tiempo, con práctica y entendimiento, serás capaz de trabajar con todo ello con plena confianza. Por el momento, es mejor que reduzcas la importancia personal, que seas humilde y evites la arrogancia o el deseo de llamar la atención. El Chamán Interior no perderá nada de su poder por ser diminuto; simplemente hará que te resulte más fácil de manejar. Expandir y reducir al Chamán Interior es también una buena práctica, ya que ejercita la capacidad de modificar y desplazar incluso las energías más potentes.

12

ABORDAR AL CHAMÁN INTERIOR

Aunque el Chamán Interior conoce a la perfección su trabajo, no se inmiscuye en las elecciones que hace tu personalidad. Sonríe, sabiendo que está plenamente conectado con el Espíritu en todo momento y que nada puede perturbarlo, nada puede perjudicarlo ni distraerlo. Cuando la personalidad accede finalmente a admitir su presencia, él, como el proverbial genio de la botella, responde con un enérgico: «Hola, bienvenido a casa. ¿En qué puedo ayudarte?», lo cual te otorga permiso para darle al Chamán Interior algunas instrucciones. Es un momento trascendental y deberías aprovecharlo siempre que se presente. A continuación te sugiero un guion como ejemplo de lo que podrías decir. No dudes en alterarlo con tus propias palabras e intenciones; cuida simplemente de que sea respetuoso y absolutamente claro. Recuerda que le estás dando permiso al Chamán Interior para que intervenga y te preste la máxima ayuda.

Chamán Interior, quiero que hagas que me sea imposible ignorarte. Quiero que me des señales inequívocas de que me estás ayudando. Quiero que cada experiencia sea una experiencia sanadora. Quiero que todo lo que digo, todo lo que hago y pienso me acerque un paso más al alineamiento con el Espíritu. Ahora estoy encarrilado y deseo que me ayudes a no desorientarme. Te doy permiso para que me recuerdes tan a menudo como sea necesario que estás conmigo, y para que me enseñes a utilizarte del modo más ventajoso. No dejes que me distraiga cayendo en los mismos patrones de pensamiento y los mismos hábitos de siempre, que me hacen estar dormido. Dame valor, y ayúdame a centrarme y a esclarecer la más alta visión para esta vida. Transforma todos mi actos en oraciones y mis pensamientos en bendiciones. Ayúdame a establecer correctamente las prioridades. Que cada día me traiga más luz, más claridad, más amor, verdad y poder. Haz que sea así. *Aho*, Amén.

Dale al Chamán Interior instrucciones de que filtre tus pensamientos para que todos estén en alineamiento con el Espíritu. O lo que es lo mismo: cuando pienses, crea el hábito de pensar con el corazón. Puede sonar raro, porque normalmente asociamos el pensar con la cabeza. Pero intenta pensar con el corazón y mira a ver qué ocurre. Puede que por ejemplo estés considerando reunir materiales para empezar una obra o elaborando un esquema para una clase o una conferencia. Después de darle al Chamán Interior instrucciones de que te ayude a pensar, aborda el orden del día con atención regular... y dirige la atención a tu corazón tan a menudo como puedas. Probablemente descubrirás que el proceso te reporta plenitud y es a la vez productivo.

ALINEAR AL CHAMÁN INTERIOR CON TUS ESPÍRITUS ALIADOS

Una vez que hayas aprendido a aumentar y reducir de tamaño al Chamán Interior, estás en disposición de trabajar con él a un nivel más avanzado. Voy a presentarte ahora la idea chamánica de los espíritus aliados y tótems. Si tienes ya conocimientos del tema, puedes saltar esta breve sección y pasar al ejercicio siguiente. Como no es este el momento de escribir un tratado sobre los espíritus aliados, no voy a entrar en detalles. Basta con que sepas que existen y te dirijas a ellos de manera muy rudimentaria. El ejercicio que propongo a continuación es una forma de empezar a estar más conectado con ellos.

Todos tenemos guías invisibles que nos ayudan a cada momento de nuestra vida. Muchas de las religiones mayoritarias les han puesto su sello, y los han llamado ángeles, santos, etcétera, con los que podemos alinearnos o a los que podemos pedir ayuda. Todas las tradiciones coinciden en que existen fuentes de ayuda invisible a las que podemos apelar para que nos asistan en los desafíos y pruebas que la vida nos pone; a veces se las representa con esculturas o estatuillas a fin de que la experiencia le resulte más real a la persona común. Yo voy a referirme a ellas por los nombres que respetuosamente les da el chamanismo: tótems, animales de poder, plantas maestras, espíritus de la naturaleza, abuelos y abuelas, a veces antepasados, o chamanes maestros que han trascendido al mundo espiritual.

Los espíritus aliados vienen a nosotros. No somos nosotros quienes decidimos cuál queremos, dando por hecho que colaborará con nosotros. Mucha gente cree que tener como aliado un animal grande o una gigantesca montaña es más impresionante o confiere más poder que tener a una rata canguro o una planta rastrera. No necesariamente es así.

Yo lo aprendí en carne propia. Una vez estaba en un precioso paraje de Alberta, en Canadá, en el que había muchas águilas. Me disponía a celebrar una ceremonia de sanación con un grupo de personas que estaban a punto de llegar. Miré a mi alrededor y di por sentado que las águilas estaban allí para favorecer la ceremonia y quizá colaborar conmigo, pero me equivoqué. Escudriñé el terreno pero no encontré ninguna pluma de águila a modo de regalo. Me tumbé de espaldas en el suelo como se me había enseñado e hice un pequeño viaje, una visualización con los ojos cerrados, dirigiéndome a las águilas. Les pregunté si iban a colaborar conmigo. Sin titubeos, me contestaron que no estaba preparado para trabajar con ellas, que estaban allí con otro objetivo. Me dijeron que quizá al cabo de unos años, si trabajaba con ahínco, colaborarían conmigo. Fue una abrumadora lección de humildad.

Muchos años después, recibí como regalo una pluma de águila y se me dio permiso para usarla como herramienta de sanación. Trabajé con el águila de este modo durante muchos años. Un día salí de California en coche con la intención de cruzar el país para asistir a una danza del sol lakota en Dakota de Sur. Paré en un área de descanso de la autopista y les ofrecí unas hojas de tabaco a mis espíritus guardianes por el éxito del viaje. Sentí dentro una llamada a mirar hacia arriba, y allí, sobre mi cabeza, vi a dos águilas doradas surcar el aire en dirección este. Supe al instante que el viaje sería un éxito rotundo y me sentí a salvo sabiendo que me guiarían. Cuando llegué a la danza del sol, había plumas de águila por todas partes. Así es como funciona.

Este es un breve ejercicio que te ayudará a conocer a tus espíritus aliados. Suele acompañarse de un tambor o una maraca. Si no tienes ni una cosa ni la otra, no te preocupes; el ejercicio puede ser efectivo de todos modos. Puede llevarte muchos años conocer a tus espíritus aliados. Los chamanes nunca acaban la tarea porque los espíritus aliados pueden cambiar con el tiempo, así que es necesario seguir estableciendo conexión con ellos.

EJERCICIO: CÓMO CONECTARTE CON TUS ESPÍRITUS ALIADOS

1. Túmbate de espaldas en el suelo o, si es posible, en el exterior sobre la tierra, y ponte lo más cómodo posible al tiempo que cierras los ojos.
2. Visualiza o siente que estás de pie delante de un ascensor, igual que has hecho en ejercicios anteriores. Entra en el ascensor y vete bajando lentamente. Visualiza o siente cómo vas descendiendo de piso en piso, del décimo al primero.
3. Abre la puerta y siente que estás en un bello paraje al aire libre. Delante de ti hay un sendero que sube hasta un risco, en cuya pared se abre la entrada a una cueva o una mina. Sigue el sendero y entra en ella. Es oscura y profunda. Pide que un guía te acompañe en forma de luz coloreada.

4. Pídele a tu guía que te conduzca hasta uno de tus espíritus aliados principales o varios de ellos. Déjalo que te lleve por los corredores hacia las profundidades de la tierra. Es posible que vayas muy deprisa, abriéndote camino por sucesivos túneles que suben y bajan. No tengas miedo.

5. Finalmente la luz coloreada te conducirá a tu destino. Puede que haya allí alguien o que sientas la presencia de un animal, planta, montaña o elemento, como una nube de tormenta o una fogata. Observa, escucha, siente o ve lo que esté presente. ¿Hay algún mensaje dirigido a ti? ¿Hay algo que te salude, que te hable, que te informe de alguna manera? Si algo te resulta amenazador, aléjate de ello. Si algo se muestra cordial, acércate.

6. Ve lo que veas, siente lo que sientas, oye lo que oigas. No hay una manera correcta de hacerlo. Es sencillamente un medio para conectarte de algún modo con uno o más de tus guías.

7. Da las gracias por su ayuda al guía o guías que aparezcan. Pídeles que te sigan ayudando y que se conecten contigo de formas más obvias.

8. Pídele a la luz coloreada que te lleve de vuelta al punto de partida. Síguela por los corredores que antes te llevaron hasta donde estás.

9. Una vez fuera, entra en el ascensor. Sube desde la planta primera hasta la décima. Mueve los dedos de los pies y de las manos. Abre los ojos y haz algunas anotaciones si lo deseas.

Ahora tienes la oportunidad de pedirles a tus guías, tótems y animales de poder que se alineen con el Chamán Interior, se armonicen con él y vibren con su misma amplitud. Esto es muy importante, pues reduce el caos y la posibilidad de desalineamiento que puede ocurrir y ocurre, lo cual dificulta a veces la conexión con los guías y espíritus aliados. El Chamán Interior es como el bajo o el tambor que marca el compás. Es el núcleo, conectado a tu esencia, y todos los aliados son proyecciones a las que pides que te ayuden en el escenario de tu sueño. Así es, incluso los animales de poder y los guías forman parte del sueño, son proyecciones de tu ser ilimitado. Si no eres consciente de esto, puedes percibirlas como presencias extrañas, problemáticas o que no trabajan en armonía contigo. Esta es una tremenda distorsión en la que con frecuencia se pierden los chamanes. No dejes que te ocurra. Tú eres el jefe; no tu falsa personalidad ilusoria, sino tú, alineado con el Chamán Interior.

Este ejercicio te ayudará a alinearte y estar en armonía con tus espíritus aliados.

EJERCICIO: ALINEAMIENTO CON TUS ESPÍRITUS ALIADOS

1. Ponte cómodo y respira hondo varias veces. Relájate.
2. Sigue el mismo procedimiento que para agrandar al Chamán Interior hasta su tamaño máximo. Visualiza o siente cómo crece desde el pequeño tamaño que tiene en tu corazón hasta llenar todo tu cuerpo.
3. Visualízate en un paraje natural de gran belleza. Invoca a tus guías principales y pídeles que aparezcan ante ti o que estén presentes de forma simbólica. Podrían emerger por ejemplo como una serie

de luces de distintos colores. Si tienes ya práctica en este tipo de viajes de conocimiento, observa los diversos tótems a medida que surgen.

4. Primero, agradéceles el incansable servicio que hacen por ti. Cuéntales que has empezado a trabajar con el Chamán Interior y que quieres que se alineen con esa frecuencia de ahora en adelante. Si son los indicados para ti, lo harán sin pérdida de tiempo. Si no, es el momento de decirles adiós.

5. Traza una línea que conecte tu corazón con cada uno de ellos.

6. En caso de que visualizarlo te resulte difícil, haz que esa sea tu intención y recoge cualquier respuesta que se te dé. En el chamanismo tenemos que confiar en que lo que hacemos es efectivo; repito por tanto que, aunque no hayas visto o sentido nada, tu intención es lo que importa.

7. Devuelve al Chamán Interior a su lugar de residencia habitual en tu corazón.

TRABAJAR CON EL CHAMÁN INTERIOR: DECRETAR Y REZAR

Una vez que has alineado a todos tus espíritus aliados con el Chamán Interior, estás en disposición de pronunciar oraciones que entrañan un poder como ninguna que jamás hayas recitado. Puedes darles una diversidad de formas, pero es muy importante que incluyas todos los elementos del ejemplo siguiente. Al principio del libro hablaba sobre el poder de la palabra, el componente activo del Espíritu que todos los seres humanos compartimos, la facultad de verbalizar órdenes o decretar creaciones. Aquí tienes una manera de expresar el sonido como le corresponde desde un principio. Tu oración debe ser en forma de decreto, ya que rezas con o desde el Chamán Interior, no al Chamán Interior. Lo ideal es que salgas a rezar al aire libre, pero si las condiciones atmosféricas o las circunstancias no lo permiten, puedes hacerlo igualmente en casa.

Empieza así:

Luz de lo alto, luz de abajo, luz de dentro.

En el nombre de la Verdad, Ser Supremo [Gran Espíritu, Dios, Creador, Fuente]; en el nombre del amor, manifestación del Espíritu que Yo Soy, y en el nombre del poder más puro del Espíritu.

Extiende hacia los lados los brazos y las manos si te resulta natural hacerlo, y continúa:

Bendigo a este chamán que está en alineamiento con el Espíritu.

Que se manifieste en toda su expresión de Espíritu en este momento.

Como ese poderoso chamán que soy, concédaseme estar eternamente agradecido por mi vida y la libertad que se me ha dado.

Como ese chamán eterno que soy, que mi mente se sane por completo y con un propósito.

Como ese extraordinario chamán que soy, concédanseme integridad y cohesión, perfección, amor supremo y capacidad suprema de amar.

Como ese poderoso chamán que soy, concédaseme perdonar a todos y que todo me sea perdonado.

Bendice a todos los seres dormidos y despiertos.

Que sus sueños sean de gran belleza, amor y eficacia.

Bendice el Cielo y la Tierra, y haz que se llenen de luz y poder.

Bendice a todas las plantas, animales y elementos para que sirvan al Espíritu y se realicen plenamente en el cumplimiento de su misión.

Concédaseme estar en armonía y vibrar al unísono con todos ellos.

Bendice todos los aspectos del Gran Espíritu con libertad y dicha.

HAZ QUE ASÍ SEA.

En este momento puedes ampliar la oración e incluir cualquier intención de sanación, bendiciones o transformación. Asegúrate de que las formulas siguiendo el mismo patrón, de que las enuncias como un decreto y en el momento presente. Cuando hayas terminado, hazlo saber con claridad, con un «*aho*» o «amén» o lo que quiera que te resulte natural.

Otra oración de gran poder es esta:

Chamán Interior, te ordeno que despiertes y actives todo mi ADN, incluidos los elementos físicos y aquellos aspectos mayoritarios de naturaleza cuántica a los que no sabía que pudiera acceder.

Párate un momento a sentir, captar o ver la luz que emana de tu corazón y se extiende a todo el cuerpo, y después a la totalidad del huevo luminoso que te rodea, con un radio mínimo de un metro y máximo de ocho en su estado más expandido. Percibe el eje que atraviesa la cúspide de tu cabeza, desciende hasta el perineo y continúa luego hasta debajo de tus pies.

> Que cada partícula de mi ADN se depure, active y esté a mi disposición para informar a mi cuerpo de su perfección e informarme de los talentos y facultades que hasta ahora no he expresado plenamente. Dame la información sobre X, Y, Z para que pueda utilizarla. ADN, te amo y te honro por ser mi vía de acceso al «Yo Soy» supremo. Gracias, gracias, gracias.

Las oraciones que entrañan tanto poder nunca deben recitarse de manera mecánica ni rezarse sin sentimiento. Cuanto más sentimiento, intención y buena disposición pones en ellas, mayor es su poder de obrar cambios extraordinarios en tu vida y en la de quienes te rodean. Uno de mis principales profesores chamánicos, Guadalupe, me dijo:

—Cuando reces, reza con lágrimas.

Cada vez que reces, hazlo como si tu vida dependiera de esa oración, porque de hecho es así.

Al principio es mejor que mantengas esas oraciones en privado. No son un ejercicio de exhibición. De todos modos, si perteneces a un grupo o comunidad de confianza y te piden que dirijas una ceremonia, puedes adaptar una de ellas para pedir por el bien de todos. La forma de empezar será la misma, pero elimina la parte que menciona al Chamán Interior y limítate a las bendiciones.

13

EL CHAMÁN INTERIOR
COMO GRAN MEDICINA Y SANADOR

Dentro de la tradición chamánica, todo lo que nos ayude se considera una medicina y se emplea para curar; esto incluye tótems, plantas, minerales, sitios de poder, ceremonias, acontecimientos y prácticamente cualquier cosa que pueda nombrarse. Algunos chamanes muy evolucionados dicen que todo es medicina. Hay grandes medicinas y pequeñas medicinas, y cada una de ellas se usa dependiendo de la necesidad, la situación y el momento. Es posible por ejemplo que un chamán o médico recete aire libre abundante o un viaje a las montañas o a la playa para mejorar la salud del paciente. Esta se considera medicina de la tierra, potente energía limpia que sirve de apoyo al cuerpo y a la mente. Cuando el chamán se encuentra ante un niño que llora la pérdida de su mascota, tal vez le recete visitar a su familiar preferido, o un nuevo cachorro. En nuestro tiempo, cuando la gente oye la palabra «medicina», piensa inmediatamente en un fármaco, algo como un jarabe para la tos o un medicamento para la tensión arterial, pero desde una perspectiva chamánica es posible que esos fármacos no sean en modo alguno una medicina, sino agentes nocivos con efectos contraproducentes para el cuerpo.

El Chamán Interior es una gran medicina, de poder e influencia ilimitados, a la que podéis acceder en cualquier momento y lugar tanto un chamán como tú mismo directamente. El Chamán Interior, totalmente natural y de un potencial enorme, aporta no solo salud física sino también equilibrio emocional, mental y espiritual. Un chamán experto es capaz de acceder al Chamán Interior de cualquiera que acuda a él en busca de ayuda. Así es como grandes sanadores históricos, como Jesús, fueron capaces de hacer lo que a los demás les parecían milagros. Sus servicios no estaban limitados por la distancia, el tiempo o las circunstancias. Un cuerpo al que se declara muerto puede volver a la vida mientras siga presente el Chamán Interior.

He tenido numerosas experiencias con chamanes sanadores que fueron capaces de curarme y de curar a miembros de mi familia o a personas que participaban en mis grupos de una enfermedad temporal sin pastillas, inyecciones ni sustancias químicas artificiales. En muchos casos, lo único que hicieron fue cantar al Chamán Interior, que obró entonces la curación necesaria. Esta es la razón por la que algunos chamanes avanzados, como mi difunto profesor huichol Guadalupe y los profesores shipibo Enrique y la difunta Herlinda, nunca consideran que la curación sea obra suya sino del Espíritu, y no se atribuyen por tanto ningún mérito. Saben que su personalidad no ha intervenido en la sanación, que ellos han sido meros conductos que el Chamán Interior ha utilizado para restaurar el equilibrio y la armonía.

EL CHAMÁN INTERIOR COMO SANADOR

Cuando el Chamán Interior mira a través de nuestros ojos, es capaz de ver el aspecto que tienen los demás y también lo que ocurre dentro de ellos a niveles más sutiles. Por ejemplo, es posible que veas a una persona que, a pesar de tener un aspecto externo de lo más normal, parezca llevar el peso del mundo sobre los hombros. Tal vez te encuentres con alguien de apariencia alegre, y sin embargo veas o sientas que hay una gran tristeza en su interior. O con alguien que parece seguro de sí mismo pero que en realidad está en guardia y a la defensiva. ¿Cómo sabes esas cosas? Eso es más difícil de explicar. El Chamán Interior simplemente lo sabe, pero también puede ser que haya pistas. Quizá captes una oscuridad en su pecho o sobre los hombros, leas la incertidumbre en sus ojos o bien simplemente te conectes con esa persona y notes, por lo que empiezas a sentir al escucharla o pasar tiempo con ella, que algo no va bien. Tal vez recibas instantáneas en tu mente o sepas algo de esa persona que aparentemente no hay manera de que puedas saber. Quizá por ejemplo veas, captes o sientas que fue víctima de maltrato físico siendo niña o que ha pasado por un proceso de adicción al alcohol o un trastorno alimentario.

A un nivel distinto, puede que percibas que alguien no va a vivir mucho tiempo, aunque parezca estar totalmente sano. Tal vez captes que padece alguna dolencia física aunque él no tenga conocimiento de ella.

Es importante que comprendas que no debes sentirte obligado a saber con precisión cuál es el problema de salud ni que siempre es lo más conveniente comunicar lo que percibes. Puede entenderse como una intromisión o considerarse inapropiado, pues quizá no tengas con esa persona el tipo de relación que podría hacer que contarlo fuera de utilidad. Puede que el Chamán Interior sepa muchas cosas que tendrás que guardarte para ti. Si no quieres asumir la responsabilidad de recibir esta clase de información, tal vez deberías replantearte si quieres trabajar con él. O también puedes pedirle que se guarde esa información para él en lugar de confiártela. Claro está que el Chamán Interior puede no responderte como quieres, porque él sabe lo que *necesitas*, y a veces le dará igual lo que desees.

Si ya eres sanador o te estás formando para serlo, lo que el Chamán Interior vea o capte en otras personas puede serte muy valioso. Tienes la posibilidad de dialogar con él y pedirle aclaraciones o información más específica sobre lo que has percibido. También puedes recibir instrucciones suyas sobre qué decir y cómo decirlo, y sobre con qué ser muy cauteloso. Asimismo, con un poco de práctica, el Chamán Interior te indicará dónde tocar a la persona, qué recomendarle, etcétera. Asegúrate siempre de pedir permiso antes de hacer algo. Si por ejemplo el Chamán Interior te dice que ponerle la mano a alguien sobre el abdomen le resultaría beneficioso, primero debes pedirle permiso a la persona. Puedes preguntar: «¿Te parece bien que te ponga la mano sobre el abdomen?». Si contesta que no, debes respetarlo. Normalmente las insinuaciones que te hace el Chamán Interior suelen ser bien recibidas por los demás, y notan un alivio inmediato. Aunque también es posible que ocasionalmente la respuesta sea más aparatosa, y quizá empiecen a llorar o a aullar. Puede que al principio esto te desconcierte, pero debes aprender a aceptarlo si ocurre.

Es el Chamán Interior el que efectúa la sanación; tú simplemente sigues sus instrucciones, así que no tienes por qué sentirte responsable de cómo se manifieste. Por otra parte, una respuesta dramática no es necesariamente mejor que una sutil. A veces se produce una gran transformación en silencio, con muy pocos aspavientos. El Chamán Interior sabe cómo comunicarse con la otra persona, por medio del pensamiento, el tacto o las palabras, de modo que abra la puerta para que se sane a sí misma. Esa es la naturaleza de la verdadera sanación: toda sanación es una autosanación. La mayoría de las veces, aprender a hacer una sanación es aprender a quitarnos de en medio, a no interferir. La sanación más eficaz es minimalista; no hay necesidad de hacer ningún despliegue de grandes instrumentos sanadores, cristales de cuarzo u objetos por el estilo. Ahora bien, si el Chamán Interior te da instrucciones de que emplees esa clase de utensilios, lo mejor es que lo hagas.

Con frecuencia el Chamán Interior te dará una canción que cantarle a la otra persona. Empezará por la sutil insinuación de una melodía. Quizá te descubras empezando a silbar de un modo casi inaudible, o siguiendo con el pie o un tamborilear de dedos el compás de un ritmo interior. Tal vez haya una palabra que se repita, o una frase sencilla, pero es más frecuente que se trate de un simple sonido, ritmo o melodía. Los chamanes lo llaman captar una canción. Las canciones están a nuestro alrededor todo el tiempo; forman parte de los patrones que constituyen nuestro universo. Como en el caso de las ondas de radio, que no podamos verlas no significa que no estén presentes. Los shipibos creen que la manifestación física del universo es expresión de la canción que permanentemente se canta a sí mismo.

No te abstengas de explorar este sonido y cantarlo o silbarlo con suavidad en presencia de la otra persona. Puede que tu personalidad ordinaria no tenga ni idea del poder e influencia transformadora que encierra ese leve sonido, y si estás demasiado pendiente de la impresión que puedas causar o de lo que vayan a pensar de ti, quizá le prives a esa persona precisamente de aquello que necesita para empezar un rotundo proceso curativo. Como antes decía, conviene no interferir, y hacer únicamente lo que el Chamán Interior nos insinúe o nos inste a que hagamos.

«Instar» es un término importante en este contexto. El Chamán Interior suele expresarse en forma de impulsos que parecen venir de la nada. El impulso se hará más fuerte y se repetirá si el Chamán Interior quiere hacer hincapié en algo. Una vez estaba conversando con un cliente que acababa de perder a su esposa y que seguía empeñado en no admitir la gran tristeza que sentía. El Chamán Interior me repetía una frase una y otra vez. Al final encontré la manera de decirla y el hombre saltó de la silla, se derrumbó en el suelo y lloró desconsoladamente durante diez minutos. Me quedé bastante perplejo. Después, cuando se hubo calmado, me contó que aquella había sido la frase favorita de su esposa. Oírla le ayudó a dejar salir el dolor al que se aferraba. Si no la hubiera dicho, quizá el dolor habría seguido intacto y bloqueado hasta que otra circunstancia hubiera incidido en él y lo hubiera hecho salir. En ese momento, habría podido darme una palmadita en la espalda y decirme lo bien que lo había hecho, pero sabía que aquello provenía directamente del Chamán Interior y que yo no había hecho más que seguir sus instrucciones. Aun con todo, me sentía exultante por la sanación que se había obrado, y eso es algo que siempre se puede celebrar.

14

APRENDER A PONER LA VIDA EN MANOS DEL CHAMÁN INTERIOR

Desde pequeños, a la mayoría de nosotros se nos inculcó la idea de que debemos tomar decisiones acertadas para poder dirigir bien nuestra vida. Aunque desde el punto de vista psicológico es algo que tiene sentido, vamos a examinarlo desde otra perspectiva. Cuando tomamos decisiones desacertadas que nos acarrean problemas, es porque hemos seguido los consejos de la falsa personalidad. No tienes más que mirar a tu alrededor para ver que mucha gente toma una decisión fatídica tras otra. Se nos trata de enseñar a ser juiciosos, y es algo que parece funcionar en buena medida. De lo que no nos damos cuenta es de que tomamos decisiones más atinadas y somos más sensatos en nuestra vida cuanto más nos alineamos con el Espíritu y menos actuamos desde la falsa personalidad. Esto nos hace vivir una vida en la que muchas de nuestras decisiones son bastante plausibles. Ahora bien, depende también de quién sea el que evalúa si esas decisiones son buenas o no. A veces se considera que es juicioso casarse o encontrar un trabajo bien remunerado, y a veces las decisiones que están alineadas con el Espíritu se consideran malas decisiones porque no agradan a quienes nos rodean o no van a reportarnos prosperidad material en el mundo. Así que la idea de ser juiciosos es defectuosa de principio a fin. ¿Qué diablos significa ser juicioso, en cualquier caso?

Solo hay una buena solución para todo esto…, pero quizá te suene descabellada. La solución es poner cada detalle de tu vida en manos del Chamán Interior y olvidarte de lo que piensas que deberías hacer. Cierto, esto es trabajo avanzado, y tal vez suene irracional, pero si de verdad quieres acelerar el proceso, hablando desde el punto de vista chamánico, es exactamente lo que debes hacer.

Igual te preguntas cómo puede hacerse eso, cómo podrías poner cada detalle de tu vida en manos del Chamán Interior… «¿Me estás diciendo que pase de todo?», podrías preguntarme. No, no es eludir tu responsabilidad, dejar que todo lo resuelva el Chamán Interior. Tu personalidad terrestre quizá tenga cierta destreza en resolver problemas, y tal vez la experiencia te haya hecho relativamente juicioso, pero se necesita mucho más que un alto cociente intelectual para navegar por este mundo, como debería ser obvio después de ver el colapso de la economía mundial y las desastrosas decisiones de los políticos. El mundo es tan complejo, y hay tantas variables, que hasta la persona más sagaz e inteligente puede sumirse en el estupor si se le presenta un desafío repentino. ¿No sería mejor pedir consejo a aquel que más experiencia tiene y que invariablemente ofrece soluciones excelentes? ¿Puede llamarse a eso pereza? No…, siempre que continúes dando lo mejor de ti en lo que te toca. La mejor táctica es hacer uso de todos los talentos de que dispones, a la vez que delegas el problema en aquel que tiene una capacidad muy superior a la tuya para resolver lo que sea. Dicho de otro modo, trabajar juntos. Entonces ya no necesitas preocuparte, porque aunque no sepas cuál es la solución, sabes que tienes al mejor equipo posible trabajando para resolver la situación.

Lo primero es iniciar la conversación con el Chamán Interior. Puedes preguntarle si quiere que lo llames por algún nombre en particular, o puedes sencillamente dirigirte a él por Chamán Interior, el bendito, el poderoso, el santo o lo que prefieras. La conversación podría ser algo de este estilo:

Chamán Interior, sé que quieres lo mejor para mí en todo momento. Eres mucho más sabio que yo y tienes acceso a la inmensa inteligencia del Gran Espíritu. Conoces el resultado de todo cuanto ocurre y tienes una perspectiva mucho más amplia que la que yo pueda tener. Yo tomo decisiones basadas en el pasado, en lo que temo o en lo que me parece una buena idea desde donde estoy, pero la verdad es que no tengo capacidad de ver hacia dónde voy ni si estoy al borde de un precipicio. Tú puedes verlo y de hecho lo ves todo. Por eso, te amo y confío completamente en que me guiarás de la mejor manera posible. Ahora bien, como no tengo el hábito de consultártelo todo antes de actuar, necesito directrices inequívocas. Dame señales claras de la dirección que he de tomar, y lo haré.

El siguiente paso es crear el hábito de preguntar al Chamán Interior sobre cómo proceder en cuestiones importantes: «¿Es la decisión correcta hacer este viaje a Brasil?», por ejemplo. Luego debes aprender a escuchar..., y me refiero literalmente a escuchar. Mucha gente tiene la costumbre de preguntarle al péndulo, consultar el *I-Ching* o hacer una prueba muscular para obtener la respuesta a esas preguntas. El problema al utilizar estos métodos es que son lentos y no siempre exactos, ya que las respuestas pueden estar distorsionadas por el condicionamiento subconsciente. La falsa personalidad tiene bajo su dominio extensas partes del subconsciente, y el subconsciente tiene dominio sobre el cuerpo casi todo el tiempo.

El Chamán Interior en cambio es implacable y claro. Si no debes ir a Brasil, te lo dirá. Si no le escuchas, se cancelará el vuelo, habrá inundaciones torrenciales, se suspenderá la reunión a la que tenías previsto asistir u ocurrirá algo que te impida ir. Así es como responde el Chamán Interior indirectamente cuando no le escuchas, lo cual supone una pérdida de tiempo y de energía y puede resultar bastante irritante. A la larga, es mejor establecer una conexión tan sólida con él que, a través de lo que ves, captas o sientes, pueda transmitirte de forma inequívoca: «No, no vayas. Quédate donde estás», o «Vete, sin lugar a dudas».

El mayor problema con que te encontrarás será la confianza. Tal vez te digas: «¿Cómo puedo confiar en algo que no veo ni palpo y que quizá sea producto de la imaginación?». Vale, no confíes en el Chamán Interior; a fin de cuentas, es lo que probablemente llevas haciendo toda la vida hasta hace muy poco —aunque tal vez seas una afortunada excepción—. Acepta entonces las consecuencias inevitables de intentar tener tú mismo el control de todo. ¡Buena suerte! Me temo sin embargo que, como tanta gente, estás harto de forcejear, de acabar tomando decisiones con poca convicción y de las consecuencias de intentar tener dominio sobre la vida a base de controlarlo todo hasta el mínimo detalle. Has descubierto que tu método no te ha acarreado más que ansiedad y estrés. Por fortuna, la suerte está de tu lado: el Chamán Interior te espera pacientemente, siempre listo para intervenir en el momento en que le des permiso, y no te fallará. Eso sí, quizá te envíe en direcciones que pongan a prueba tu confianza y que igual te sorprenden.

Supongamos que diriges un negocio y te enorgulleces de ser un ciudadano respetable, una persona que no se mezcla con gente de mala calaña. Eres ejemplo de ética e integridad. Imaginemos ahora que una conocida prostituta o un gánster se pone en contacto contigo y quiere que os reunáis. Estás a punto de rechazar de plano la proposición cuando el Chamán Interior te dice: «Reúnete con esa persona. Es importante». Estás en un dilema, porque el Chamán Interior te ha indicado que hagas algo que en condiciones normales nunca harías; sin embargo, le escuchas y conciertas una cita. La prostituta o el gánster te dice que es cuñada o cuñado tuyo de un matrimonio que contrajiste en el pasado, alguien a quien habías perdido la pista por completo. Te dice que tu ex esposa ha fallecido pero te ha dejado un mensaje importante. Es un mensaje de perdón que cura una vieja herida. Tiene tal impacto en ti que experimentas una especie de transformación y lo ves todo bajo una luz muy distinta.

De haberte aferrado a tu rectitud y no haberte reunido con el indecoroso mensajero, habrías perdido esta maravillosa oportunidad. Así que lo mejor es seguir siempre el consejo del Chamán Interior, aunque algo dentro de ti se resista o no lo entiendas. Puedes pedirle que te lo aclare, y luego ponlo en práctica con entusiasmo. La historia está llena de anécdotas de vidas que se salvaron o personas a las que se les rescató porque alguien tuvo el valor de seguir las indicaciones del Chamán Interior sin dudarlo.

Una vez cancelé una sesión de salto con paracaídas porque recibí un mensaje muy claro del Chamán Interior diciéndome que no fuera. La situación me resultaba un poco embarazosa, y como no conseguí localizar al instructor, le dejé un mensaje en el contestador diciendo que ya se lo explicaría. Nunca tuve ocasión de hacerlo. El instructor puso a otro alumno en mi lugar, y los dos se mataron porque ni el paracaídas principal ni el de reserva se abrieron. Si no hubiera cancelado la clase, habría muerto yo.

15

El CHAMÁN INTERIOR
COMO PODEROSO CREADOR

os chamanes han sido siempre excelentes en el arte de
obrar manifestaciones físicas porque aprender a reorga-
nizar la realidad constituye una parte muy importante de
su formación. En primer lugar, los chamancs saben que la
vida es un sueño despierto y que los sueños se pueden rees-
cribir, modificar y reordenar. Si crees que la vida está prede-
terminada o que es completamente aleatoria, estás a merced
o del destino o del caos. Ambas perspectivas desencadenan
una mentalidad de víctima, inaceptable en el camino chamánico. El chamán sabe bien que la vida es como la soñamos.
Si no te gusta lo que tienes en el punto de mira, cambia el
punto de mira.

No es tan sencillo como puede parecer, debido a la danza constante entre la falsa personalidad y el Chamán Interior.
La falsa personalidad tiene la habilidad de adueñarse de tus
pensamientos y sentimientos, lo cual significa que quizá cen-
tres la atención en cosas que no te convienen o de carácter
sencillamente narcisista o egocéntrico. Y la atención que les

prestas les da vida, tanto si estás obsesionado con ciertos pensamientos como si intentas resistirte a ellos. El Chamán Interior está dispuesto a esperar tranquilamente hasta que elijas ignorar a la falsa personalidad. La razón por la que el Chamán Interior es mejor creador que la falsa personalidad es que no tiene un interés personal en nada. Es neutral. Como la falsa personalidad no lo es, se resiste a tu intento de escapar de sus garras, y esta es al final su perdición. A la larga creará lo que más teme, y perderá así terreno frente al Chamán Interior. ¿Entiendes ahora por qué en definitiva el Chamán Interior siempre gana? Los chamanes saben que, aunque tienes la libertad de elegir lo que quieras, siempre terminarás eligiendo el camino del Chamán Interior. ¿Para qué perder el tiempo entonces en tretas que no conducen a ninguna parte? ¿Por qué no consagrarnos a la tarea de despertar al Chamán Interior cuanto antes? Una vez que el aprendiz de chamán entiende esto con claridad absoluta, la meta está a la vista, y aunque pueda haber ligeros contratiempos y distracciones, sabe que admitir al Chamán Interior y adherirse a él es inevitable. A ese chamán le quedan solo unas pocas vidas más de servicio.

TENER CLARAS LAS PRIORIDADES

Voy a referirme ahora a algo que te conviene saber si estás interesado en despertar a tu Chamán Interior: una vez que te embarques en este viaje, no puedes mirar atrás. Guadalupe, mi profesor huichol, me dijo en una ocasión:

—Una vez que eliges con sinceridad el camino chamánico, ya no puedes zafarte de las consecuencias de tus acciones como quizá habrías hecho antes. Aún puedes mentir, hacer trampas, robar y dejar de ser íntegro en tus relaciones, pero no te permitirás quedar impune por ello como hacías en el pasado. Si no sigues con integridad el camino que has elegido, pagarás muy caras tus trasgresiones. Nadie va a volver a estar encima de ti apuntándote con el dedo; serás tú y solamente tú el que te ponga contra las cuerdas. Perder la integridad es como dejar que una manada de lobos irrumpa en tu casa. Habrá una terrible carnicería.

Como podrás imaginar, le escuché sin pestañear. Desde entonces, he descubierto por experiencia que estaba absolutamente en lo cierto. Ya no puedo ser descuidado con la vida.

Quien recorre el camino chamánico no queda impune si crea la vida desde una perspectiva narcisista. Haz un uso indebido de tus facultades... y lo pagarás muy caro. Como contrapartida, tendrás una capacidad de obrar manifestaciones físicas como jamás habías tenido. Dicho esto, es hora de volver al tema de cómo crear y manifestar una vida que te llene y satisfaga hasta lo más profundo.

CONSEGUIR LO QUE NECESITAS

Como has visto, debes darle permiso e instrucciones al Chamán Interior respecto a la clase de ayuda que quieres recibir de él y hacia dónde quieres ir. No estoy hablando de desear un coche nuevo o una casa más grande, porque al Espíritu esas cosas le traen sin cuidado, contra lo que dan a entender algunos libros muy populares. El Espíritu no considera que ningún objeto físico sea real, y por tanto ignora todo aquello que no tiene una naturaleza energética, todo aquello que no vibra al unísono con lo que a Él le interesa. A lo que el Espíritu responde es a las instrucciones o preguntas que expresan claramente que quieres ayuda para alinearte con Él, luego lo más constructivo es darle instrucciones de que ponga a tu disposición los recursos necesarios para ser lo que quieres ser. Si lo que deseas es expresar tus visiones más sublimes a través de la música u otra actividad artística, el Espíritu sabe cuáles son los recursos que te harán falta para alcanzar tu meta y eso es exactamente lo que te proporcionará. Puede o puede que no sea un coche nuevo lo que necesitas para lograrla. No se dará el caso de que tengas una misión importante en la vida y no dispongas de los medios para cumplirla; no tendría sentido. Las dificultades y obstáculos que encuentras por el camino son pruebas y retos para que te hagas más fuerte, no impedimentos permanentes para hacerte claudicar.

Lo más importante es que sepas con claridad lo que deseas. Querer liberarte de las manipulaciones de la falsa personalidad es una meta digna. Querer estar alineado con el Espíritu en todo es una meta muy respetable. Querer que el Espíritu dirija tus pensamientos es excelente, y posible de conseguir si así lo expresas con palabras.

CREAR PEQUEÑAS COSAS

Incluso las pequeñas cosas se pueden conseguir si el Espíritu considera que la intención que hay tras ellas contribuye al progreso en nuestro camino global. Una vez, estando en el mercado agrícola y ganadero de Santa Fe, vi expuesta una piel de búfalo. Algunos miembros de una tribu indígena de la región vendían carne de búfalo que había pasado por una ceremoniosa preparación, y vendían también la piel de un búfalo que habían sacrificado al estilo tradicional. Pensé que sería una excelente alfombra sobre la que sentarme a meditar, sobre todo durante los meses de invierno, en que el suelo de mi casa es bastante frío. El problema era que no disponía de la considerable suma que costaba la piel. Así que hablé con el Espíritu por mediación del Chamán Interior y dije:

—Espíritu, me gustaría tener esa piel porque creo que puede serme útil cuando medito. Si te parece una buena idea que la tenga, proporcióname el dinero para que la compre. Lo necesito cuanto antes, o se la venderán a otro.

Seguí con mi vida y no volví a pensar en ello. Unos días después recibí una carta de una mujer extranjera a la que mi esposa y yo habíamos ayudado hacía muchos años. Su marido y ella habían llegado de su país sin un céntimo y se habían alojado en nuestra casa alrededor un mes mientras les ayudábamos a instalarse. La carta iba acompañada de un cheque por valor de una importante suma de dinero. En ella nos pedía perdón y explicaba que, en el tiempo que estuvo en nuestra casa, su situación era tan desesperada que nos había robado algo de dinero, y que se había sentido culpable desde entonces. La vida le había ido bastante bien en Estados Unidos y ahora quería devolvernos el dinero con intereses.

Le contesté de inmediato diciéndole que me alegraba mucho de tener noticias suyas y que no estaba resentido con ella. Me quedé lo que se dice asombrado de la diligencia del Espíritu. El cheque llegaba para pagar la piel de búfalo y más. Hoy en día sigo sentándome en ella a meditar, y me ofrece un placer y calidez ilimitados. Aquel sueño creativo funcionó porque contribuía a mi visión global: la piel de búfalo iba a ayudarme a meditar, meditar iba a ayudarme a avanzar por el camino chamánico, y el camino chamánico iba a ayudarme a ser un buen profesor espiritual y a ayudar a otras personas a encontrar su verdadero camino. Este es el tipo de acontecimiento que suele producirse cuando se trabaja en conjunción con el Chamán Interior con regularidad. Los chamanes dicen que la sincronicidad y la serendipia son señales inconfundibles de que vamos por buen camino, y siempre acompañan a una práctica eficaz.

EJERCICIO: CREAR LO QUE NECESITAS

1. Busca un lugar cómodo donde tengas privacidad y siéntate con la columna vertebral erguida.
2. Activa al Chamán Interior como has aprendido a hacer en ejercicios anteriores.
3. Centra la atención en algo que te sería de ayuda en el camino. Todo el mundo necesita un lugar seguro donde vivir, un transporte que ofrezca ciertas garantías, buena compañía, unos ingresos decentes, un trabajo que le satisfaga...; todos ellos son metas dignas.
4. Con la atención puesta en ello, imagina que lo que deseas ya es una realidad. Visualízate disfrutando de eso, siendo eso, teniendo eso, y experimentando los beneficios.
5. Selecciona una de esas imágenes en el ojo de tu mente y céntrate en ella igual que si estuviera ante ti y te observaras como espectador. Siente cómo es esa imagen hecha realidad.
6. Encuentra una manera de conectarte con ese tú futuro. Puedes trazar una línea entre tu corazón y el corazón del tú que aparece en la imagen, o puedes conectarte desde el ombligo o *tan tien*.

7. Asegúrate de percibir al Chamán Interior que ha despertado en tu pecho y en el pecho del futuro tú. Imagina que por mediación de tu Chamán Interior eres capaz de absorber a través de tus genes físicos y cuánticos toda la información que necesitas para hacer realidad esa imagen. Imagina caudalosos torrentes de luz que llega de todas las dimensiones, de las estrellas, del cosmos, y que entra en ti por la cúspide de la cabeza, desde donde desciende hasta la conexión entre tú y tu futuro yo y empieza a transferirse a él.

8. Ahora prueba a estar de repente dentro de él mirando con sus ojos y experimentando la nueva creación.

9. Siente en el corazón una sincera gratitud por lo que ha sucedido. Dale las gracias al Chamán Interior por tan maravilloso regalo.

10. Ahora vuelve al tú de ahora. Deja atrás el proceso que acabas de vivir y relájate. Respira hondo y mueve los dedos de las manos y de los pies. Has terminado.

Este proceso conlleva varios pasos importantes. Primero, estás trabajando con el Chamán Interior despierto y activado. Luego, experimentas vivamente lo que deseas; esto es crucial. Sientes las fuertes emociones y el placer que traerá consigo el objeto del deseo; esa intensidad activa el campo cuántico. La siguiente clave para activar el campo cuántico es el uso del doble, que te permite crear dos puntos de referencia simultáneos, tu yo presente y tu yo futuro. Cuando te conectas con tu doble a través de un importante portal de tu cuerpo energético —tu corazón o tu *tan tien*—, te abres al campo cuántico que contiene toda la información referente a todo lo pasado, presente y futuro, e incorporas esa información, que entra en ti a través de la cúspide de la cabeza y los genes. Compartes esa información con tu futuro yo. Incorporas al proceso una intensa gratitud. Luego vuelves a tu punto de referencia original y dejas atrás el proceso entero. Lo que en realidad ocurre es que esos dos puntos se convierten en ondas, la actual se va extinguiendo y la futura surge para reemplazarla con aquello que pides.

A los ojos de un chamán, el tú futuro no es ni más ni menos real que el tú actual. Son iguales en tu sueño de la realidad; en otras palabras, son experiencias simultáneas que tienen lugar en marcos temporales ligeramente distintos. Un chamán sabe que todo tiempo es simultáneo para el Chamán Interior. A través de tus genes, tienes acceso a todas las partes del universo y posibilidad de comunicarte con ellas todo el tiempo. Son el medio que todas las criaturas utilizan para conectarse con el gran Chamán Interior; es a través de esa conexión como recibes el manual de instrucciones para navegar por la vida como el ser que eres. Tú sabes que eres un ser humano y cómo serlo, mientras que un ciervo sabe cómo ser ciervo. Y gracias a la conexión de los genes, un ser humano puede saber cómo es ser un ciervo, quizá incluso ver con los ojos del ciervo en momentos puntuales.

Esto significa que los chamanes saben que todo es posible porque todo está conectado. Esto es lo que los hace excelentes creadores. Aun así, la mayoría de los chamanes lleva una vida muy modesta, porque no le ven mucho sentido a acumular riquezas y posesiones materiales. Son mucho más felices siendo útiles.

16

El CHAMÁN INTERIOR
Y LOS NIVELES PROFUNDOS DEL CUERPO

Alrededor del cuerpo físico hay un campo de energía de forma oval, al que los sanadores del movimiento Nueva Era llaman cuerpo de luz, los chamanes huevo luminoso y los chamanes q'eros de Perú *poqpo*. Este campo de luz puede extenderse hacia el exterior, desde unos centímetros hasta una distancia de varios metros alrededor del cuerpo. Cuando el campo está expandido al máximo, puede alcanzar un radio de ocho metros. En general, la forma oval es un poderoso símbolo de fertilidad y poder, y su estructura tiene una fuerza inmensa. El huevo se relaciona con el nacimiento de todos los animales, tanto si la gestación tiene lugar dentro del cuerpo como si no. Dicen los chamanes que no es una casualidad que los seres humanos estén contenidos dentro de la forma oval de su campo energético, como si estuvieran gestándose y preparándose para el nacimiento, más formidable aún, de sus facultades chamánicas.

El huevo luminoso está lleno de filamentos de luz, finas hebras que emanan formando una especie de red desde la región del plexo solar, o *tan tien*. Estos filamentos multidimensionales y de alta frecuencia a los que en el hinduismo se denomina *nadis* son la forma en su mayor parte invisible del sistema nervioso físico, una red de gran sutileza gracias a la cual los seres humanos tenemos la posibilidad de percibir nuestro sueño e interactuar con él. Se dice, por ejemplo, que los chamanes son capaces de escalar las paredes verticales de riscos y acantilados sin hacer uso de las manos, sujetándose solo con los filamentos de su huevo luminoso, mientras que los chamanes taoístas que practican las artes marciales consiguen protegerse de los ataques externos activando esta red de filamentos de luz y pueden, gracias a ella, incluso derribar a su oponente sin llegar de hecho a tocarlo con las manos o los pies.

Los antiquísimos Vedas de la India aseguran que hay setenta y dos mil *nadis* en el cuerpo y dentro del huevo luminoso. Dado que son microscópicos, mucho más finos que las hebras de seda de una tela de araña, puede haber muchos de ellos juntos en un espacio muy reducido. El Chamán Interior, por su comunicación directa con los aspectos físicos y cuánticos del ADN, es capaz de dirigir y organizar los setenta y dos mil *nadis* millones de veces por segundo. No obstante, debido a la tendencia que tenemos los seres humanos a quedarnos dormidos y desconectarnos del Chamán Interior, estos filamentos suelen contaminarse con formas de pensamiento de baja amplitud; pueden volverse tóxicos y, cuando es así, la experiencia de vivir se degrada sustancialmente, provocando disfunciones físicas y emocionales. Por eso, cuando estableces contacto con el Chamán Interior, es importante que le des permiso para purificar, corregir y equilibrar los *nadis* mediante la comunicación con tu ADN.

El Chamán Interior está en comunicación permanente con todas las estructuras sutiles del cuerpo. Cada órgano está constituido en torno a estructuras más profundas que tienen propiedades de mucho mayor alcance que las de los órganos que las envuelven. Esas estructuras profundas interactúan con sus órganos correspondientes y en muchos casos ejercen una influencia en ellos. El cerebro es la manifestación física de la mente, eso que utilizas cuando no estás dentro de un cuerpo. Los ojos tienen la función de ver el mundo físico, pero actúan también a niveles mucho más sutiles. Por norma general, el cerebro no computa todo lo que ven los ojos sutiles hasta que la persona alcanza la maestría. Cuando te desprendas de tu cuerpo en el momento de la muerte, seguirás siendo capaz de ver, valiéndote de la visión interior, y tendrás un ámbito de percepción mucho mayor que en la actualidad. Asimismo, tu corazón físico es la manifestación externa de un corazón interior que es el auténtico imán e irradiador del amor. El corazón al que apunta Jesús en las estatuas y cuadros no es tanto el corazón físico como el corazón interno que alberga al Chamán Interior.

Otro ejemplo es la glándula pituitaria, radicada en la zona de la frente. Las hormonas que regula la glándula pituitaria ordinaria son muy limitadas en comparación con las hormonas sutiles que produce la glándula pituitaria sutil o cuántica, la que los ojos corporales no pueden ver. La glándula pituitaria interior, tal como ocurre con los centros superiores, tiene la facultad de producir hormonas sutiles (octava superior de las hormonas que conocemos) que, cuando se aprovecha su potencial, le permiten al cuerpo obrar de forma mágica. Cuando alguien camina sobre las brasas o los chamanes se introducen ascuas en la boca, no se queman gracias a la secreción de hormonas sutiles que protegen al cuerpo del calor intenso. De la misma manera, que los budistas tibetanos soporten habitualmente el frío extremo sin ropa de abrigo se debe a que han aprendido a segregar hormonas sutiles que crean calor interno. Esas hormonas son producto de la glándula pituitaria interior en estado activo, como lo son las hormonas capaces de curar instantáneamente el cuerpo de tumores cancerosos y tejido maligno. Son las hormonas que el organismo libera cuando alguien se cura como por arte de magia después de haber recibido de su médico una sentencia de muerte.

Cuando ciertas hormonas interiores se secretan conscientemente, rejuvenecen las células corporales y por tanto ralentizan considerablemente el envejecimiento, permitiendo que el cuerpo alcance una edad muy superior a los cien años que se estima que puede vivir como máximo. Otras hormonas permiten la levitación y la bilocación —facultades sobrenaturales por las que son famosos los chamanes—. Hay prácticas chamánicas concretas que promueven la secreción de estas poderosísimas hormonas, pero también pueden liberarse de forma natural, y una condición que lo hace posible es la inspiración, o emoción que acompaña a la fe. El mismo efecto tiene reconocer la verdad. Los chamanes que saben cómo elevar la frecuencia global en las ceremonias, con o sin la ingesta de plantas medicinales, son capaces de crear una atmósfera en la que mucha gente experimenta a la vez la activación de sus órganos internos. Esta clase de actos grupales suele dar lugar a la curación aparentemente milagrosa de uno, varios o la totalidad de los participantes. Una de las maneras más comunes de elevar la frecuencia en una ceremonia es entonando cánticos sagrados.

Si se entendieran debidamente, esta clase de actos dejarían de considerarse pura superstición, o milagros. Son el resultado propio de procesos naturales.

Otros estados emocionales que facilitan la activación de las hormonas sutiles son la gratitud, el amor y la admiración reverencial. Por el gran poder que entrañan, los tres podrían definirse metafóricamente como el fertilizante que hace florecer al Chamán Interior. Cuanto más relevancia damos en nuestra vida a estos tres estados del ánimo, más se acelera la activación de las hormonas sutiles y el despertar del Chamán Interior. No me canso de repetir lo efectivo e importante que es esto para la transformación chamánica de la persona. Los grandes sabios y maestros de todas las tradiciones pasan la mayor parte de sus horas de vigilia centrados en estos tres estados.

He tenido la fortuna de pasar buena parte de mi vida de adulto con huicholes. Con frecuencia los he contratado para que me ayudaran en trabajos de construcción y jardinería en mi casa de Santa Fe y en el terreno contiguo donde organizo y hago retiros y celebro ceremonias. Nunca he visto quejarse a un huichol, ni siquiera en medio del frío o el calor extremos o de condiciones atmosféricas inclementes. Son gente alegre, centrada y muy cooperativa todo el tiempo. Siempre están agradecidos por lo que quiera que ocurra, son afectuosos entre ellos y con los demás, y parecen sentir una genuina fascinación por el mundo que los rodea. En otras palabras, son maestros de la gratitud, el amor y la admiración. Aunque yo tenga un doctorado y ellos sean mucho menos cultos que yo desde el punto de vista de nuestra sociedad, son mis profesores en lo que es más importante.

En muchas ocasiones, he tenido la oportunidad de trabajar con un curandero-cirujano de Filipinas y he experimentado además curaciones asombrosas tras recibir su ayuda. Le he observado también mientras trataba a mi esposa y a otras personas, y he visto cómo sacaba con los dedos y con las manos toxinas, coágulos de sangre, tumores, calcificaciones y tejido maligno a través de la piel.[1] Desde un esguince cervical que sufrí en un accidente de coche hace muchos años había sentido rigidez y dolor de cuello y de espalda constantes. Él me sacó trozos de tejido cicatricial y calcificaciones, lo que me devolvió la movilidad indolora del cuello y la columna vertebral, que he conservado desde entonces.

Cuando le pregunté cómo había aprendido a hacer aquello, me contestó simplemente que era un regalo de Dios. Dijo que le era imposible enseñarlo, pero que podía responder preguntas sobre la naturaleza del cuerpo. Aprendí mucho de él sobre cómo funciona el organismo humano. Tiempo después, al saber más sobre los órganos internos y sus secreciones, entendí mejor lo que le había visto hacer. Este hombre es capaz de elevar su frecuencia y liberar de ese modo hormonas sutiles que le permiten extraer, a través de la piel de la persona afectada, cualquier objeto malsano. Es una facultad humana natural a la que él ha aprendido a acceder por mediación del Chamán Interior, al que llama Dios. Al igual

---

1. Se ha generalizado el nombre de «cirujano psíquico» (*psychic surgeon*) para referirse a quienes realizan estas prácticas, sin tener en cuenta que en este caso el significado de *psychic* es la segunda acepción del término en inglés, «parapsicológico» o «parapsicólogo», alguien que tiene poderes considerados paranormales. (N. de la T.)

que otros diestros chamanes y sanadores, tiene la capacidad de comunicarse con el ADN directamente a fin de que se produzcan cambios positivos instantáneos. Me contó que visualizaba sus dedos como si fueran imanes capaces de extraer lo que no estaba en armonía con el cuerpo. Es la misma técnica que emplean los chamanes shipibo: visualizan un imán en la punta de la lengua y, colocando la boca justo encima del lugar de la dolencia, la absorben y luego escupen o vomitan para librarse de ella. En cada región de la Tierra, los chamanes realizan sus versiones particulares de la extracción. Esta es la cirugía original, que precedió a la idea de hacer una incisión física e intervenir en el cuerpo. La diferencia es que tras una extracción chamánica no necesitamos recuperarnos; solo descansar y beber agua.

Los chamanes comprenden que el cuerpo humano es capaz de curarse inmediatamente una vez que entiende con claridad las instrucciones. Si no recibe pautas claras que conduzcan a la salud, seguirá los dictados de la mente subconsciente, cuyas directrices con frecuencia expresan castigo por alguna culpa o sentimiento de haber obrado mal. Según los chamanes, esta es a menudo la razón de la enfermedad y los accidentes. A veces la gente contrae enfermedades como consecuencia de haber perdido una parte esencial de sí debido a un trauma, dolor o *susto*. Esto exige una recuperación del alma, algo que realizan los chamanes de todos los continentes. Emprenden la búsqueda de la parte perdida, el niño o niña interior que escapó cuando la persona sufrió abusos o daños. La encuentran, se ganan su confianza y le piden que vuelva. Luego se la insuflan de nuevo a la persona. Que la medina occidental no haga esto es el motivo de tantos tratamientos fallidos. No basta con tratar el cuerpo con medicamentos; debe restaurarse lo que se ha perdido. De este modo se repara la salud física o psicológica.

Para los chamanes, el tiempo no tiene relevancia en la recuperación. El organismo se recupera en cuanto se elimina la desarmonía o se restablece la vibración sincronizada. Los shipibos ven la falta de armonía corporal como una red enmarañada que rodea un órgano, lo ahoga o lo desconecta del resto del cuerpo. Cuando esto sucede, cantan una canción sagrada tradicional, un *icaro*, que desenreda la maraña, librando a esa parte del cuerpo de su sofocamiento o confusión. A veces utilizan humo de tabaco o cenizas de tabaco quemado para el mismo fin. Personalmente he experimentado profundas sanaciones como consecuencia de tales prácticas. El resultado puede ser inmediato, como el cese de una fiebre, un dolor de garganta o un dolor agudo.

Tu Chamán Interior es capaz de orquestar tales sanaciones en cuanto sabe que estás preparado y tienes la intención clara de curarte, lo cual significa que necesitas despejar todos los móviles ocultos o motivaciones distorsionadas que tienes para estar enfermo. Si no estás seguro de cuáles son, puedes pedirle al Chamán Interior que te ayude a despejarlos. Lo bueno es que no siempre te hace falta saberlo todo para curarte. Lo único que necesitas es la intención clara y la disposición a pedir ayuda.

EJERCICIO: CURARTE A TI MISMO CON LA AYUDA
            DEL CHAMÁN INTERIOR

1. Elige un síntoma físico, emocional o mental que te haya estado causando problemas. Tal vez hayas

tenido dolores de cabeza, estés enfadado o desolado por una relación que se ha roto, o hayas sido presa de pensamientos obsesivos.

2. Ten la seguridad de que quieres recibir ayuda del Chamán Interior para librarte de la gravedad de esos síntomas.

3. Utiliza el método que prefieras para relajarte profundamente y dejarlo todo de lado. He explicado ya varios métodos en ejercicios anteriores. Tiéndete en el suelo o siéntate tranquilamente y, valiéndote de la respiración, suéltate de todo hasta lo más hondo.

4. Visualiza al Chamán Interior en tu pecho y establece conexión con él. No hay una manera determinada de hacer esto; es tu intención lo que cuenta.

5. Puedes decirle: «Chamán Interior, hace tiempo que tengo problemas con X. Por favor, desenmaraña la desarmonía que crea estos síntomas y líbrame de ellos. Si es lo indicado, muéstrame la lección que se oculta tras este problema. Si no, resuélvelo sin más. Sé que eres capaz de hacerlo. Gracias por ayudarme».

Fíjate en los pasos: identifica el problema, relájate profundamente, activa al Chamán Interior, pídele ayuda, y luego dale las gracias por la asistencia que sabes que te llegará. No tiene por qué ser complicado. Mucha gente que se ha curado de forma instantánea cuenta lo fácil que ha sido.

La sanación chamánica es un tema muy extenso y aquí solo hemos tocado la punta del iceberg. Gran parte del saber sobre la sanación proviene directamente del Chamán

Interior. He visto a muchas personas que, después de haber ido descubriendo poco a poco el camino chamánico, han acabado siendo sanadores excelentes y entregados, aunque sea como actividad paralela a la que realizan para ganarse la vida. Es un resultado natural de estudiar con el Chamán Interior, y una de las siete competencias principales del camino chamánico: artista, narrador, sanador, maestro de ceremonias, guerrero, líder y profesor-aprendiz.

17

Trabajo avanzado con el
CHAMÁN INTERIOR

Ahora que conoces al Chamán Interior y has hecho con él algunas prácticas introductorias, quizá estés preparado para desempeñar un trabajo más avanzado. ¿Y por qué habrías de hacerlo? La respuesta es que no tienes por qué hacerlo. La realidad es que a medida que progreses en tu viaje hacia la realización y desarrolles todas tus facultades y talentos, te verás inevitablemente impelido a realizar un trabajo más avanzado. Así funciona la naturaleza. Un árbol que encuentra la luz del sol crece alto y recto con más rapidez que uno que está a la sombra.

Todos los chamanes con los que he trabajado a lo largo de los años recalcan lo importante que es avanzar paso a paso. Están siempre atentos a cualquier inclinación a impacientarse que pueda surgir en ellos o en los demás, y la atajan de inmediato, antes de que arraigue. Recuerda que la impaciencia nace del miedo, miedo a que tal vez no haya tiempo y tengamos que apresurarnos si no queremos que se nos pase la oportunidad. La prisa es enemiga del chamán; por eso, aunque la sanación u otros resultados positivos puedan ser instantáneos, los chamanes hacen hincapié en la importancia de aprovechar el aprendizaje que nos ha traído hasta donde estamos en la actualidad. Si te relajas, le estás dando al Chamán Interior un voto de confianza, confianza en que todo saldrá bien. Y así será. No hay prisa. La impaciencia es un voto de desconfianza en el Chamán Interior y hace más difícil que se produzcan resultados positivos.

Uno de mis profesores, Enrique, sanador y chamán shipibo, me ha dicho repetidamente:

—Vas a sanar poco a poco.

A veces me he sentido mejor de inmediato, y a veces he tardado unos días o semanas en notar la mejoría. En algunas ocasiones aprendo con rapidez y en otras, más lento. Todo está bien y tarda lo que tenga que tardar, ni más ni menos.

Los ejercicios que nos disponemos a practicar ahora se consideran avanzados porque suponen cierto movimiento atrás y adelante entre el mundo interior y el mundo exterior. Si intentas hacer esto demasiado pronto, quizá provoques una crisis curativa que te haga sentir molesto durante un breve período de tiempo. Las crisis curativas se producen cuando te fuerzas a avanzar demasiado o demasiado rápido y estimulas con ello una reacción adversa, parecida a la que tienes cuando fuerzas el cuerpo más de la cuenta el primer día que sales a correr. Por eso los chamanes insisten en empezar *poco a poco*. Saben que puedes sentir agobio, confusión o incluso ansiedad si te exiges demasiado, porque la personalidad opondrá resistencia y manifestará un rechazo.

En los siguientes ejercicios vamos a trabajar con la *vesica piscis*, la entrada con forma de pez que a los chamanes les gusta usar para viajar a otras dimensiones. Como ya te he dicho, esa forma es un portal al Tao o, como los chamanes lo denominan, el Mundo del Espíritu. La asociación de Cristo con los peces tiene una razón de ser: Jesús conocía perfectamente la existencia de este portal.

UN PIE EN CADA MUNDO

Siempre se ha dicho que el chamán tiene un pie en cada mundo, el mundo material y el Mundo del Espíritu, y es capaz de cruzar adelante y atrás a voluntad para cumplir propósitos concretos. Lo que esto significa en la práctica es que un chamán tiene la facultad de cambiar su percepción de una dimensión a otra. No obstante, los chamanes saben que en realidad no hay dos mundos sino uno solo: está el mundo material o sustancial, que no es más que un sueño, y el Mundo del Espíritu, el mundo que es auténticamente real. Y el portal entre lo real y lo ilusorio tiene la forma de una *vesica piscis*. A veces se concibe como la entrada a una cueva, un agujero en el tronco de un árbol, una fisura en la tierra o un charco de agua. Al pasar por ese portal, es normal encontrar cierta resistencia, igual que si atravesáramos un velo o una membrana, como la puerta estelar que aparece en la famosa película y serie de televisión *Stargate*. Recuerdo que de niño me quedaba atrapado en esa membrana cuando tenía fiebre y deliraba. Estaba hecha de una sustancia gomosa salpicada de miles de puntos negros y blancos que cubrían toda la superficie. He oído a otras personas describirla de la misma manera. De ello aprendí que necesitaba un pequeño impulso, que nacía de la fuerza de mi intención, para cruzar la membrana. Y aprendí también que era necesario establecer una *vesica piscis* para poder atravesarla.

Su forma, que es parecida a la del ala de un avión, le permite al pez viajar por el agua a velocidad asombrosa. El aire o el agua se abre por fuerza hacia los lados y luego vuelve a caer y a juntarse, impulsando a la nave o al animal hacia delante y hacia arriba. Y lo que es aún más importante, esta forma les permite a ciertos peces, el salmón por ejemplo, viajar a contracorriente y ascender por rápidos y cataratas para llegar a las zonas de desove. Para los chamanes, la forma de pez es uno de los secretos para emprender el viaje interdimensional.

EJERCICIO: CONTEMPLACIÓN DEL CHAMÁN INTERIOR

1. Dedica un momento a imaginar al Chamán Interior, sentado en su trono o de pie, con la *vesica piscis* formada alrededor del corazón.
2. Una vez que tengas al Chamán Interior en mente, imagina que miras al exterior a través de sus ojos, sentado o de pie en el portal que forma la *vesica piscis*.
3. Avanza para cruzar el portal y siente la ligera resistencia de la membrana. En el mundo exterior que tienes delante del pecho, experimentas el mundo físico, en el que todas las emociones que genera el ego parecen existir. Puede que lo percibas como una tempestad de emoción: tristeza, ira, envidia, rencor, entusiasmo...
4. Retrocede para cruzar el portal en sentido contrario y vuelve a sentir el ligero impacto de la membrana

que hay entre los dos mundos. Al retroceder al Mundo del Espíritu, te sientes libre de todo lo que el ego genera, y que es motivo de separación. Aquí, dentro de la forma del Chamán Interior, experimentas éxtasis, dicha y unidad. Esto no significa que debas permanecer aquí dentro y resistirte a dar un paso adelante para salir al mundo exterior. En esto consiste precisamente el trabajo. Cuando te conectas con el Chamán Interior y das un paso adelante, puedes hacer un bien sin igual, ya que incorporas el poder del Mundo del Espíritu al mundo cotidiano de aparente separación.

5. Sigue avanzando y retrocediendo a través de ese portal y siente la diferencia entre estar en el interior o en el exterior de tu cuerpo, ocupando siempre la forma del Chamán Interior.

6. Ahora descansa.

A primera vista, el siguiente ejercicio puede parecer un duplicado del anterior. Pero aunque tienen ciertas similitudes, no son iguales. Uno sirve de base al otro.

EJERCICIO: CONTEMPLANDO EL MUNDO DE LA IDENTIFICACIÓN
Antes de nada, lee la contemplación hasta el final. Cuando hayas entendido el movimiento básico, cierra los ojos y hazlo sin leer.

1. Empieza imaginando que tienes la atención puesta justo delante del pecho y que con ella miras al pecho de frente. Estás cara a cara ante el portal que

conduce al Chamán Interior, el portal que has cruzado en el ejercicio anterior. En este, empiezas estando fuera y tu Chamán Interior se sitúa dentro del cuerpo.

2. Permítete sentir las corrientes de los estados de ánimo y emociones asociados con diversos pensamientos. No eludas lo que piensas o sientes ni le opongas resistencia.

3. Date cuenta de que, aunque esas emociones y sensaciones parecen estar asociadas con el argumento de tu relato personal —es decir, con los recuerdos, experiencias o pensamientos—, lo cierto es que tienen una existencia independiente de ellos; solo aparentemente son producto de los estímulos de tu relato. De hecho, son emociones flotantes que genera el ego y que van en busca de pensamientos a los que apegarse y a los que en determinado momento hacer manifestarse como sucesos.

4. Examínalas como si estuvieras examinando un insecto extraño. Ve la verdad sobre lo que son: por ejemplo, que la tristeza no es en realidad tu tristeza, sino tristeza simplemente, y que tampoco guarda relación con lo que habías creído que era un pensamiento o un suceso triste. Y en cuanto a la ira y el entusiasmo, son igualmente artefactos flotantes de la falsa personalidad, el gran ego de toda la humanidad, no solo tuyo. Son sentimientos que vagan sin rumbo en busca de un hogar. En cuanto te aferras a ellos porque te identificas con ellos, encuentran en

ti un hogar temporal. Observarlos no significa que te aferres a ellos, más bien lo contrario.

5. Da un paso adelante y entra en el portal. Acércate al Chamán Interior. Siéntete rodeado de la luz más refulgente y maravillosa. Quizá tenga una tonalidad dorada, rosácea o de color azul eléctrico, o sea un fulgor cristalino de intensísimo brillo.

6. ¿Qué ha sido de las emociones y sensaciones del ego que traías contigo del mundo exterior? ¿Han podido entrar contigo en este espacio interior?

7. Respira hondo y siente el suspiro. Permítete recibir y absorber esa preciosa luz y siente cómo te eleva la amplitud de frecuencia. Déjate entrar en comunión con todos los aliados o espíritus que ocupan este espacio de luz que parece estar en tu pecho. Déjales que te enseñen, que te informen, que te sanen y te den sus regalos.

8. Ahora, sal de nuevo, con todo lo que has recibido, por el portal de la *vesica piscis* de vuelta al sueño del mundo material, el mundo de la separación. Date cuenta de que has vuelto fortalecido, renovado, revitalizado, refinado, restablecido y rejuvenecido.

9. Explora ese sencillo movimiento adelante y atrás por el portal de la *vesica piscis*. Hazte diestro en realizarlo. Pasa un poco de tiempo en cada espacio y date ocasión de experimentar lo que supone arrastrar contigo la experiencia del Mundo del Espíritu al mundo de la sustancia una y otra vez. Cada vez, presta atención a la forma de la *vesica piscis* y observa exactamente qué sucede al pasar por ella.

Estos dos ejercicios son una minúscula fracción de lo que está a tu alcance una vez que empiezas a trabajar a diario con el Chamán Interior. La clave son la constancia y la práctica diaria. No hace falta que pases horas haciendo ninguna de estas prácticas; incluso unos minutos al día bastarán para obrar un cambio sustancial. El mejor procedimiento es reconocer al Chamán Interior y ejercitar la conexión con él varias veces al día unos minutos cada vez; esto lo convertirá en una parte regular de tu rutina diaria, y cuando te saltes un día sentirás la ausencia de la práctica. Voy a ponerte unos ejemplos de cómo trabajo yo con ello.

La profesión de psicoterapeuta, asesor y *coach* me da la oportunidad de dedicar un minuto antes de cada sesión a dirigirme al Chamán Interior. Lo invito a estar plenamente presente durante la sesión siguiente, a supervisar la conversación y orientarme de la manera que sea más conveniente para el cliente. Al final, le doy las gracias por su ayuda. He tenido ocasión de comparar la calidad de las sesiones cuando me acuerdo de invitar al Chamán Interior y cuando me olvido. La diferencia es abismal. Naturalmente, sigo el mismo procedimiento cuando empiezo una clase, una conferencia, un seminario o un retiro.

Es importante ser no solo un receptor, sino devolver también. Es el concepto de *ayni* que aprendí de los chamanes q'eros. Ellos entienden que en todo es necesaria la reciprocidad: si recibes algo, debes dar algo a tu vez, aunque solo sean las gracias. Esto mantiene el equilibrio en el universo y, cuando se practica, todo va como la seda. Darle las gracias al Chamán Interior es lo menos que puedes hacer, pero es conveniente ir un poco más allá. Yo todas las mañanas le ofrezco unas hojas de tabaco por la ayuda que he recibido y la que voy a recibir. De vez en cuando, hago una pequeña ceremonia del fuego en la que quemo copal e incienso o salvia y le doy las gracias al Chamán Interior con más detenimiento. Si no hay posibilidad de hacer esto, encender una vela en un pequeño altar dedicado a la práctica es un buen gesto. El Chamán Interior no pide nada a cambio de su ayuda. La razón de darle las gracias es que me ayuda a tener la perspectiva correcta y me recuerda que no debo dar nada por sentado.

A veces el Chamán Interior aprovecha estas ocasiones para enseñarme algo o aconsejarme. Por ejemplo, me hace sugerencias de cosas que puedo hacer para mejorar la práctica. En esos momentos, mi labor es simplemente escuchar.

No digo que tú tengas que hacer exactamente lo mismo. Sí te sugiero que encuentres la manera de integrar al Chamán Interior en tu vida. Recuerda que ni siquiera tienes por qué darle este nombre; puedes llamarlo como quieras, siempre que tengas presente el espíritu de la práctica. Conozco a una persona que prefiere llamar a esta ayuda interior Isis, y otra que la llama Esencia. Elige el nombre que para ti tenga mayor significado.

Epílogo

El gran portal se está abriendo: ha llegado la AYUDA

Ha llegado el momento. Por eso, la información sobre el Chamán Interior está próxima a extenderse por el mundo todavía más. Es posible que la terminología que se utilice para difundirla sea muy variada y que se le den distintos nombres al Chamán Interior. No tiene la menor importancia. Las ideas ancestrales a las que me refiero son la fase siguiente de desarrollo y evolución para toda la humanidad. Es el destino de nuestra especie despertar al poder del Chamán Interior, porque ese es el propósito del juego al que estamos jugando, lo que siempre hemos querido: recordar quiénes somos en realidad y despertar. Es tu destino, más tarde o más temprano...; no es tu sino. El destino lo eliges; el sino, no.

Desde una perspectiva chamánica, todos los experimentos biológicos que se llevan a cabo en todos los planetas habitados están finalmente abocados al fracaso si no cuentan con la ayuda del Chamán Interior que ilumine su camino. Sin ella, las formas de vida son sencillamente demasiado primitivas, carentes del conocimiento esencial sobre hacia dónde van y de qué son capaces. No todos los experimentos de consciencia que se realizan en los distintos planetas son siempre un éxito. Si las formas de vida sintiente nunca descubren al Chamán Interior, el experimento ha tocado a su fin; la especie no evoluciona. En última instancia, no es un problema, porque los experimentos de consciencia se repiten una y otra vez hasta que son un éxito, da igual cuánto se tarde.

Este planeta no es distinto. Nuestros científicos han hecho grandes descubrimientos con sus experimentos e investigaciones, pero tienen un alcance limitado. Si como especie no tenemos en cuenta el elemento espiritual, obtendremos resultados desafortunados, como ya ha empezado a ocurrir. Una especie no puede evolucionar hasta su nivel máximo renegando de la fuente de su poder. Cuando los experimentos científicos obtienen buenos resultados, es porque interviene un elemento de consciencia y cooperación o vibración sincronizada con el Espíritu. Cuanto más vieja es el alma del científico, más veraces y beneficiosos son los resultados del experimento.

Para dar un salto cuántico a los siguientes niveles de evolución, tendremos que admitir y consultar al Chamán Interior. No hay otra manera. Los chamanes dicen que hay una multitud de espectadores contemplando este tiempo de transición crucial de nuestro planeta. ¿Daremos el salto? Yo creo que sí. Lo percibo, lo siento. No es producto de un pensamiento racional; es un saber. Ha llegado el momento de que maduremos y dejemos atrás la niñez. Hay quienes se resisten. No importa. Son muchos más los que han empezado a abrazar la madurez. Y eso es maravilloso.

Hay algo más que debes saber. Como el momento ha llegado, los inventores han comenzado a descargar una diversidad de nuevas tecnologías que tienen la capacidad de comunicarse con el acervo genético del cuerpo, la facultad de operar con el cuerpo a frecuencias de altura máxima, de hablar el lenguaje del Chamán Interior. Esta es otra manera de activar los genes y al Chamán Interior para obtener de ellos mucho mayor servicio. Procesos como Holosync, los estímulos cuánticos y varios programas de ordenador que operan con el campo cuántico forman parte de esta nueva serie de tecnologías. Otras no utilizan productos físicos, sino que recuperan técnicas ancestrales que se sirven de las manos, la voz y la intención para manipular el campo cuántico. Y hay muchos más métodos por venir. Lo que quiero que sepas es que estas tecnologías son muchísimo más eficaces si van acompañadas de la comunicación directa con el Chamán Interior o con los genes. Si las utilizas sin haber despertado a tu Chamán Interior, sin comunicarte con tus genes, sin hacer uso del poder de la palabra, es posible que sus efectos sean mínimos y creas que sencillamente no funcionan. Sería una pena. Sería como no saber usar un *software* nuevo para tu ordenador y tirar a la papelera un programa excelente y de grandes posibilidades.

Por supuesto que no tienes por qué usar esos potentes paquetes de *software* de última generación. Puedes hacer las cosas como las has hecho siempre y seguir forcejeando, manipulando, dejándote llevar por el miedo e intentando controlarlo todo, juzgando y castigando, pero no esperes obtener resultados nuevos. Tú decides.

En definitiva, no hay una manera correcta de vivir, pero sí hay maneras más fáciles, y puedes descubrirlas conectándote con los poderes del Chamán Interior y utilizando los centros superiores, los aspectos más elevados de tu centro emocional, intelectual y de movimiento. Disfruta, y háblales a tus genes con frecuencia, todos los días. Puedes confiar en que obtendrás buenos resultados, pero dales un poco de tiempo para que despierten. Una vez que los resultados empiecen, no pararán; y ten por seguro que será toda una experiencia. Luego, haz partícipes de ella a los demás. Feliz camino, y muchas, muchas, muchas bendiciones.

Con el mayor afecto,

JOSÉ LUIS STEVENS

BIBLIOGRAFÍA

La información primordial sobre el Chamán Interior la adquirí por experiencia personal. A continuación detallo una lista de libros que han tenido importancia en mi viaje.

Adyashanti. *The Impact of Awakening*. Los Gatos, California: Open Gate Publishing, 2000.

Aribalo, Mallku. *Inka Power Places*. Cusco, Perú: Shamanic Productions, 2007.

Arrien, Ángeles. *The Fourfold Way: Walking the Paths of the Warrior, Teacher, Healer and Visionary*. Nueva York: HarperCollins, 1993.

Audlin, James David (Águila distante). *Circle of Life: Tradicional Teachings of Native American Elders*. Santa Fe: Clear Light, 2006.

Ávila, Elena. *Woman Who Glows in the Dark: A Curandera Reveals Traditional Secrets of Physical and Spiritual Health*. Nueva York: Tarcher, 2000.

Bartlett, Richard. *The Physics of Miracles: Tapping into the Field of Consciousness Potential*. Nueva York: Atria, 2009.

Bear, Jaya. *Amazon Magic: The Life Story of Ayahuasquero and Shaman Don Agustin Rivas Vasquez*. Taos, Nuevo México: Colibri, 2000.

Braden, Gregg. *The God Code*. Carlsbad, California: Hay House, 2004.

_____*Walking Between the Worlds: The Science of Compassion.* Bellevue, Washington: Radio Bookstore Press, 1997.

Brown, Tom, Jr. *The Journey.* Nueva York: Berkley Books, 1992.

Buhner, Stephen Harrod. *The Secret Teachings of Plants.* Rochester, Vermont: Bear and Company, 2004.

Bynum, Edward. *The African Unconscious: Roots of Ancient Mysticism and Modern Psychology.* Nueva York: Columbia University/Teacher's College Press, 1999.

Calvo, César. *The Three Halves of Ino Moxo: Teachings of the Wizard of the Upper Amazon.* Ken Symington, trad. Rochester, Vermont: Inner Traditions, 1995. [Las tres mitades de Ino Moxo y otros brujos de la Amazonia].

Carroll, Lee. *The Twelve Layers of DNA: An Esoteric Study of the Mastery Within.* Sedona, Arizona: Platinum, 2010.

Castaneda, Carlos. *The Active Side of Infinity.* Nueva York: HarperCollins, 1998 [*El lado activo del infinito.* Madrid: Punto de Lectura, 2000].

_____*The Art of Dreaming.* Nueva York: HarperCollins, 1993 [*El arte de ensoñar.* Madrid: Gaia Ediciones, 2010].

_____*The Eagle's Gift.* Nueva York: Simon and Schuster, 1981 [*El don del águila.* Madrid: Eyras, S.A., 1982].

_____*The Fire from Within.* Nueva York: Simon and Schuster, 1984 [*El fuego interno.* Madrid: Gaia Ediciones, 2006].

_____*Journey to Ixtlan: The Lessons of Don Juan.* Nueva York: Simon and Schuster, 1972. [*Viaje a Ixtlan.* Madrid: Fondo de Cultura Económica de España, S.L., 2001].

_____*Magical Passes: The Practical Wisdom of the Shamans of Ancient Mexico.* Nueva York: HarperCollins, 1998 [*Pases mágicos.* Madrid: Mr Ediciones, 1998].

_____*The Power of Silence: Further Lessons of Don Juan.* Nueva York: Simon and Schuster, 1987 [*El conocimiento silencioso.* Madrid: Swan, 1988].

_____*A Separate Reality: Further Conversations with Don Juan.* Nueva York: Simon and Schuster, 1971 [*Una realidad aparte.* Madrid: Fondo de Cultura Económica de España, S.L., 2001].

_____*Tales of Power.* Nueva York: Simon and Schuster, 1974 [*Relatos de poder.* Madrid: Fondo de Cultura Económica de España, S.L., 2001].

_____*The Teachings of Don Juan: A Yaqui Way of Knowledge.* Berkeley: University of California Press, 1968 [*Las enseñanzas de Don*

Juan, una forma yaqui de conocimiento. Madrid: Fondo de Cultura Económica de España, S.L., 2001].

_____*The Wheel of Time: The Shamans of Ancient Mexico, Their Thoughts about Life, Death and the Universe.* Nueva York: Washington Square Press, 1998 [*La rueda del tiempo: los chamanes del antiguo México y sus pensamientos acerca de la vida, la muerte y el universo.* Madrid: Gaia Ediciones, 1999].

Chatwin, Bruce. *The Songlines.* Nueva York: Viking, 1987.

Chopra, Deepak. *Creating Affluence: Wealth Consciousness in the Field of All Possibilities.* Novato, California: Nueva World Library, 1993.

_____*Life After Death: The Burden of Proof.* Nueva York: Three Rivers Press, 2006.

_____*The Spontaneous Fulfillment of Desire: Harnessing the Infinite Power of Coincidence.* Nueva York: Harmony, 2003.

Clow, Barbara. *Alchemy of the Nine Dimensions. Decoding the Vertical Axis, Crop Circles, and the Mayan Calendar.* Charlottesville, Virginia: Hampton Roads, 2004.

Cook, Pat. *Shaman, Jhankri, and Nele: Music Healers of Indigenous Cultures.* Roslyn, Nueva York: Ellipsis Arts, 1997.

Cowan, Eliot. *Plant Spirit Medicine: The Healing Power of Plants.* Columbus, Carolina del Norte: Swan Raven, 1995.

Dobkin de Ríos, Marlene. *Amazon Healer: The Life and Times of an Urban Shaman.* Bridport, Reino Unido: Prism Press, 1992.

Donner, Florinda. *Being-In-Dreaming: An Initiation into the Sorcerer's World.* Nueva York: HarperCollins, 1991.

Eagle Feather, Ken. *A Toltec Path.* Charlottesville, Virginia: Hampton Roads, 1995.

Eaton, Evelyn. *The Shaman and the Medicine Wheel.* Wheaton, Illinois: Theosophical Publishing, 1982.

Eliade, Mircea. *Shamanism: Archaic Techniques of Ecstasy.* Princeton, Nueva Jersey: Princeton University Press, 1964.

Elkin, A. P. *Aboriginal Men of High Degree: Initiation and Sorcery in the World's Oldest Tradition.* Rochester, Vermont: Inner Traditions, 1994.

Endredy, James. *Earthwalks for Body and Spirit: Exercises to Restore Our Sacred Bond with the Earth.* Rochester, Vermont: Bear and Company, 2002.

Espinoza, Luis. *Chamalú: The Shamanic Way of the Heart: Tradicional Teachings from the Andes.* Rochester, Vermont: Destiny Books, 1995.

Falco, Howard. *I AM: The Power of Discovering Who You Really Are.* Nueva York: Tarcher, 2010.

Forest, Ohky Simone. *Dreaming the Council Ways: True Native Teachings from the Red Lodge.* York Beach, Maine: Samuel Weiser, 2000.

Foundation for Inner Peace. *A Course In Miracles.* Volumen combinado. Mill Valley, California: Foundation for Inner Peace, 2007 [*Un curso de milagros.* California: Foundation for Inner Peace, 1992].

Govindan, Marshall. *Kriya Yoga Sutras of Patanjali and the Siddhas.* Eastman, Quebec: Kriya Yoga Publications, 2000.

Grim, John. *The Shaman: Patterns of Religious Healing Among the Ojibway Indians.* Norman: University of Oklahoma Press, 1983.

Halifax, Joan. *Shamanic Voices: A Survey of Visionary Narratives.* Nueva York: Dutton, 1979.

Harner, Michael. *The Way of the Shaman: A Guide to Power and Healing.* Nueva York: HarperCollins, 1980.

Harris, Bill. *Managing Evolutionary Growth: How to Create Deep Change Without Falling Apart.* Beaverton, Oregon: Centrepoint Research Institute, 2007.

_____*Thresholds of the Mind.* Beaverton, Oregon: Centrepoint Research Institute, 2007.

Hawking, Stephen y Leonard Mlodinow. *The Grand Design.* Nueva York: Bantam, 2010.

Heaven, Ross y Howard Charing. *Plant Spirit Shamanism: Traditional Techniques for Healing the Soul.* Rochester, Vermont: Destiny Books, 2006.

Hirschi, Gertrud. *Mudras: Yoga in Your Hands.* York Beach, Maine: Samuel Weiser, 2000.

Ingerman, Sandra. *Medicine for the Earth: How to Transform Personal and Environmental Toxins.* Nueva York: Three Rivers Press, 2000.

_____*Soul Retrieval: Mending the Fragmented Self.* Nueva York: HarperCollins, 1991.

_____y Hank Wesselman. *Awakening to the Spirit World: The Shamanic Path of Direct Revelation.* Boulder, Colorado: Sounds True, 2010 [incluye secciones de José Luis Stevens].

Jenkins, Elizabeth. *Initiation: A Woman's Spiritual Adventure in the Heart of the Andes.* Nueva York: Putnam, 1997.

Jones, Blackwolf y Gina Jones. *Listen to the Drum: Blackwolf Shares His Medicine.* Center City, Minnesota: Hazelden, 1995.

Kaiguo, Chen y Zheng Shunchao. *Opening the Dragon Gate: The Making of a Modern Taoist Wizard.* Thomas Cleary, trad. Boston: Charles Tuttle, 1998.

Kakar, Sudhir. *Shamans, Mystics, and Doctors: A Psychological Inquiry into India and Its Healing Traditions.* Nueva York: Knopf, 1982.

Katz, Richard. *Boiling Energy: Community Healing among the Kalahari Kung.* Cambridge, Massachusetts: Harvard University Press, 1982.

Kenyon, Tom. *Brain States.* Lithia Springs, Georgia: World Tree Press, 2001.

_____ y Judi Sion. *The Magdalen Manuscript: The Alchemies of Horus and the Sex Magic of Isis.* Boulder, Colorado: Sounds True, 2006.

Kharitidi, Olga. *Entering the Circle.* Albuquerque: Gloria Press, 1995.

Kim, Tae Yun. *Seven Steps to Inner Power.* Novato, California: New World Library, 1991.

_____ *The Silent Master: Awakening the Power Within.* Novato, California: New World Library, 1994.

Lajo, Javier. *Qhapaq Nan: The Inka Path of Wisdom.* Lima, Perú: Amaro Runa Ediciones, 2007.

Lamb, F. Bruce. *Rio Tigre and Beyond.* Berkeley, California: North Atlantic Books, 1985.

Langford, Michael. *The Most Direct and Rapid Means to Eternal Bliss.* Freedom Religion Press, 2007.

Larsen, Stephen. *The Shaman's Doorway.* Nueva York: Harper and Row, 1976.

Magee, Matthew. *Peruvian Shamanism: The Pachakuti Mesa.* Black Mountain, Carolina del Norte: Heart of the Healer, 2002.

Maharaj, Sri Nisargadatta. *I Am That: Talks with Sri Nisargadatta Maharaj.* Dunham, Carolina del Norte: Acorn Press, 2005.

Marciniak, Barbara. *Path of Empowerment: Pleiadian Wisdom for a World in Chaos.* San Francisco, California: Inner Ocean, 2004.

Mares, Theun. *Return of the Warriors: The Toltec Teachings.* Volumen 1, *Revealing the Ancient Mystery of Atl: A Path of Freedom, Joy, and Power.* Ciudad del Cabo: Lion Heart, 1995.

Matthews, John. *The Celtic Shaman: A Handbook.* Rockport, Massachusetts: Element, 1991.

McCraty, R. «The Energetic Heart: Bioelectromagnetic Communication Within and Between People», en *Bioelectromagnetic Medicine.* P. J. Rosch y M. S. Harkov, eds. Nueva York: Marcel Dekker, 2004: p. 511-532.

_____«Influence of Cardiac Afferent Input on Heart-Brain Synchronization and Cognitive Performance». *International Journal of Psychophysiology*, v. 45, n°. 1-2 (2002): pp. 72-73.

_____«Psychophysiological Coherence: A Link Between Positive Emotions, Stress Reduction, Performance and Health». *Proceedings of the Eleventh International Congress on Stress*, Mauna Lani Bay, Hawai, 2000.

_____M. Atkinson y R. T. Bradley. «Electrophysiological Evidence of Intuition: Parte 1. The Surprising Role of the Heart». *Journal of Alternative and Complementary Medicine*, v. 10, n°. 1 (2004): p. 133–143.

_____M. Atkinson y R. T. Bradley. «Electrophysiological Evidence of Intuition. Parte 2: A System-Wide Process?». *Journal of Alternative and Complementary Medicine*, v. 10, n°. 2 (2004): pp. 325-336.

_____M. Atkinson, W. A. Tiller, et al. «The Effects of Emotions on Short-Term Power Spectrum Analysis of Heart Rate Variability». *American Journal of Cardiology*, v. 76, n°. 14 (1995): pp. 1089-1093.

_____R. T. Bradley y D. Tomasino. «The Resonant Heart». *Shift: At the Frontiers of Consciousness*, v. 5 (2004): pp. 15-19.

Melchizedek, Drunvalo. *The Ancient Secret of the Flower of Life.* 2 volúmenes. Flagstaff, Arizona: Light Technology, 2000.

_____*Living in the Heart: How to Enter into the Sacred Space within the Heart.* Flagstaff, Arizona: Light Technology, 2003.

_____*Serpent of Light: Beyond 2012.* San Francisco: Samuel Weiser, 2007.

Metzner, Ralph. *Ayahuasca: Consciousness and the Human Spirit of Nature.* Nueva York: Thunder's Mouth Press, 1999.

Mindell, Arnold. *The Shaman's Body: A New Shamanism for Transforming Health, Relationships, and the Community.* Nueva York: HarperCollins, 1993.

Ming-Dao, Deng. *Everyday Tao: Living with Balance and Harmony.* Nueva York: HarperCollins, 1996.

_____*Scholar Warrior: An Introduction to the Tao in Everyday Life.* Nueva York: HarperCollins, 1990.

Montgomery, Pam. *Plant Spirit Healing: A Guide to Working with Plant Consciousness.* Rochester, Vermont: Bear and Company, 2008.

Moss, Nan y David Corbin. *Weather Shamanism: Harmonizing Our Connection with the Elements*. Rochester, Vermont: Bear and Company, 2008.

Narby, Jeremy. *The Cosmic Serpent: DNA and the Origins of Knowledge*. Nueva York: Tarcher, 1998.

_____ y Francis Huxley, eds. *Shamans Through Time: 500 Years on the Path to Knowledge*. Nueva York: Tarcher, 2001.

Nelson, Mary y Miguel Ruiz. *Beyond Fear: A Toltec Guide to Freedom and Joy*. Tulsa: Council Oak Books, 1997.

Nicholson, Shirley. *Shamanism*. Wheaton, Illinois: Theosophical Publishing House, 1987.

Nowak, Margaret y Stephen Durrant. *The Tale of a Nisan Shamaness: A Manchu Folk Epic*. Seattle: University of Washington Press, 1977.

Opler, Morris Edward. *An Apache Life-Way: The Economic, Social, and Religious Institutions of the Chiricahua Indians*. Lincoln: University of Nebraska Press, 1996.

Orieux, Jean. *Talleyrand: The Art of Survival*. Patricia Wolf, trad. Nueva York: Knopf, 1974.

Parker, K. Langloh. *Wise Women of the Dreamtime*. Rochester, Vermont: Inner Traditions, 1993.

Perkins, John. *The World as You Dream It: Shamanic Teachings from the Amazon and Andes*. Rochester, Vermont: Destiny Books, 1994.

Perry, Foster. *The Violet Forest: Shamanic Journeys in the Amazon*. Santa Fe: Bear and Company, 1998.

Pinchbeck, Daniel. *Breaking Open the Head: A Psychedelic Journey into the Heart of Contemporary Shamanism*. Nueva York: Broadway Books, 2002.

Pinkson, Tom Soloway. *The Flowers of Wiricuta: A Journey to Shamanic Power with the Huichol Indians of Mexico*. Rochester, Vermont: Destiny Books, 1995.

Proceedings of the Third International Conference on the Study of Shamanism and Alternate Modes of Healing: Independent Scholars of Asia, 1986.

Proceedings of the Fourth International Conference on the Study of Shamanism and Alternate Modes of Healing: Independent Scholars of Asia, 1987.

Proceedings of the Fifth International Conference on the Study of Shamanism and Alternate Modes of Healing: Independent Scholars of Asia, 1988.

Proceedings of the Sixth International Conference on the Study of Shamanism and Alternate Modes of Healing: Independent Scholars of Asia, 1989.

Proceedings of the Seventh International Conference on the Study of Shamanism and Alternate Modes of Healing: Independent Scholars of Asia, 1990.

Reinhard, Johan. *Machu Picchu: The Sacred Center.* Lima, Perú: Nuevas Imágenes, 1991.

Rinpoche, Tenzin Wangyal. *Healing with Form, Energy and Light: The Five Elements in Tibetan Shamansim, Tantra, and Dzogchen.* Ithaca, Nueva York, y Boulder, Colorado: Snow Lion, 2002.

Roads, Michael J. *Talking with Nature.* Tiburon, California: Kramer, 1985.

Ruiz, Miguel. *The Four Agreements: A Practical Guide to Personal Freedom.* San Rafael, California: Amber-Allen, 1997.

_____*The Mastery of Love: A Practical Guide to the Art of Relationship.* San Rafael, California: Amber-Allen, 1999.

_____*The Voice of Knowledge: A Practical Guide to Inner Peace.* San Rafael, California: Amber-Allen, 2004.

Sánchez, Víctor. *Las enseñanzas de Don Carlos: aplicaciones prácticas de las obras de Carlos Castaneda.* Madrid: Havila'h, 1992.

_____*El camino tolteca de la recapitulación.* Madrid: Gaia, 2005.

_____*Toltecas del nuevo milenio.* Madrid: La Rosa Ediciones, 1994.

Sarangerel. *Riding Windhorses: A Journey into the Heart of Mongolian Shamanism.* Rochester, Vermont: Destiny Books, 2000.

Schaefer, Stacy y Peter Furst, eds. *People of the Peyote: Huichol Indian History, Religion, and Survival.* Albuquerque: University of New Mexico Press, 1996.

Schultes, Richard Evans y Robert Raffauf. *Vine of the Soul: Medicine Men, Their Plants and Rituals in the Colombian Amazonia.* Santa Fe: Synergetic Press, 2004.

Selig, Paul. *I Am The Word: A Guide to the Consciousness of Man's Self in a Transitioning Time.* Nueva York: Tarcher, 2010.

Somé, Malidoma Patrice. *Of Water and the Spirit: Ritual, Magic, and Initiation in the Life of an African Shaman.* Nueva York: Penguin, 1994.

_____*Ritual: Power, Healing, and Community.* Portland, Oregón: Swan Raven, 1993.

Somé, Sobonfu. *The Spirit of Intimacy: Ancient African Teachings in the Ways of Relationship.* Nueva York: Morrow, 2000.

Spalding, Baird. *Life and Teaching of the Masters of the Far East.* 6 vols. Camarillo, California: De Vorss, 1972.

Tacey, David. *Edge of the Sacred: Transformation in Australia.* North Blackburn, Victoria, Australia: HarperCollins, 1995.

Villoldo, Alberto y Erik Jendresen. *Dance of the Four Winds: Secrets of the Inca Medicine Wheel.* Rochester, Vermont: Destiny Books, 1990.

_____*Island of the Sun: Mastering the Inca Medicine Wheel.* Rochester, Vermont: Destiny Books, 1992.

Vitebsky, Piers. *The Shaman: Voyages of the Soul, Trance, Ecstasy, and Healing from Siberia to the Amazon.* Nueva York: Little Brown, 1995.

Weiskopf, Jimmy. *Yaje, the New Purgatory: Encounters with Ayahuasca.* Bogotá: Villegas Editores, 2004.

Whitaker, Kay Cordell. *The Reluctant Shaman: A Woman's First Encounter with the Unseen Spirits of the Earth.* Nueva York: HarperCollins, 1991.

Whitley, David. *Following the Shaman's Path.* Ridgecrest, California: Maturango Museum Press, 1998.

Wilcox, Joan Parisi. *Ayahuasca: The Visionary and Healing Powers of the Vine of the Soul.* Rochester, Vermont: Park Street Press, 2003.

_____*Masters of the Living Energy: The Mystical World of the Q'eron in Peru.* Rochester, Vermont: Inner Traditions, 2004.

Wildish, Paul. *Principles of Taoism.* Londres: HarperCollins, 2000.

Williams, J. E. *The Andean Codex: Adventures and Initiations among the Peruvian Shamans.* Charlottesville, Virginia: Hampton Roads, 2005.

Wong, Eva, trad. *Seven Taoist Masters: A Folk Novel of China.* Boston: Shambala, 1990.

Yogananda, Paramahansa. *The Yoga of Jesus.* Los Ángeles: Self Realization Fellowship, 2007.

Zink, Nelson. *The Structure of Delight.* Santa Fe: Mind Matters, 1991.

Obras de José Luis Stevens

Earth to Tao: Michael's Guide to Healing and Spiritual Growth. Santa Fe: Bear and Company, 1994.

The Power Path: The Shaman's Way to Success in Business and Life. Novato, California: New World Library, 2002 [*El camino del poder: el sendero chamánico para lograr el éxito en los negocios y en la vida.* Madrid: Gaia Ediciones, 2004].

Praying with Power: How to Use Ancient Shamanic Techniques to Gain Maximum Spiritual Benefit and Extraordinary Results Through Prayer. Londres: Watkins, 2005.

y Lena Stevens, *Secrets of Shamanism: Tapping the Spirit Power Within You.* Nueva York: Avon, 1988 [*El poder interior: técnicas para aplicar los secretos del chamanismo a la vida moderna.* Barcelona: Ediciones Robinbook, S.L., 1992].

Tao to Earth: Michael's Guide to Relationships and Growth. Santa Fe: Bear and Company, 1994.

Transforming Your Dragons: Turning Fear Patterns into Personal Power. Santa Fe: Bear and Company, 1994.

Ingerman, Sandra y Hank Wesselman. *Awakening to the Spirit World: The Shamanic Path of Direct Revelation.* Boulder, Colorado: Sounds True, 2010 (incluye secciones escritas por José Luis Stevens).

Serie de libros electrónicos: *The Personessence System for Understanding People* (2010)

1. *Introduction to the Personessence System*
2. *The Seven Archetypal Roles: Primary Way of Being*
3. *The Seven Goals and the Seven Modes: Primary Motivation and Primary Approach*
4. *The Seven Attitudes: Primary Perspective*
5. *The Seven Obstacles: Primary Fear Pattern*
6. *The Seven Centers: Primary Reaction Centers*
7. *The Nine Needs: Primary Requirements for Balance*
8. *The Seven States of Perception: Primary Values*
9. *Spiritual and Cosmological Guide to the Personessence System*

Sobre el AUTOR

J osé Luis Stevens es conferenciante internacional, profesor, ascsor e instructor de seminarios. Es psicólogo, trabajador social clínico y autor de dieciocho libros y libros electrónicos así como de numerosos artículos, además de miembro de la junta rectora de la Asociación de Practicantes Chamánicos. Es cofundador de los centros de formación chamánica *Power Path School of Chamanism* y *Center for Shamanic Education and Exchange*. Completó un período de diez años de aprendizaje con un *maracame* huichol y ha estudiado extensamente con la tribu shipibo del Amazonas y el pueblo q'ero de los Andes durante los últimos veinte años.

Es doctor en asesoría psicológica integral por el Instituto de Estudios Integrales de California, licenciado en trabajo social por la Universidad de California en Berkeley y licenciado en sociología por la Universidad de Santa Clara, en California.

Vive en Santa Fe con su esposa y compañera de vida, Lena.

ÍNDICE